一年中美しい
手間いらずの小さな庭づくり

天野麻里絵

はじめに

　庭は外から眺めたり、中でホッとくつろいだりできる心のオアシスです。もちろん、メンテナンスはつきものですが、それも庭づくりの醍醐味。日々、自分で手入れをしてこそ、美しい庭となったときの喜びは大きいものです。
　でも、生活の一部でもある庭は、あまり手入れをがんばりすぎず、無理なく土や植物とふれあえる場所であってほしいと思います。
　本書は、「ガーデニングミュージアム 花遊庭」での植栽・メンテナンスの経験をもとに、人にも草花にも負担をかけない庭づくりのコツをまとめた集大成です。
　"手間いらず"で一年中美しい庭ができたら、どんなにすてきでしょうか。各家庭によって気候も環境も異なりますが、庭づくりが大好きな読者の皆さまにとって役立つ一冊となれば幸いです。

2014年1月　天野麻里絵

contents

はじめに ———— 2

第1章 美しくて、管理もラクな 庭のプランニング ———— 9

- PART 1　庭を作りはじめる前に「理想の庭」をイメージする ———— 10
- PART 2　気候、日当たり、土壌…… 庭の環境をチェック ———— 12
- PART 3　環境やライフスタイルに合わせた 庭の効果的なゾーニング ———— 14
- PART 4　あとあと管理がラク！ 手間いらずの庭をめざす ———— 16
- Column ❶　イメージに合わせて楽しむ カラーコーディネート ———— 18

第2章 庭の骨格になり、立体感を演出する 庭木の使い方 ———— 19

- PART 1　庭を表情豊かに演出する シンボルツリー ———— 20
  - ◆植物図鑑◆　庭を象徴する シンボルツリー ———— 24
- PART 2　高木と草花のつなぎ役 シュラブ（低木） ———— 26
  - ◆植物図鑑◆　シュラブ ———— 28
- PART 3　1〜2株植えて草花と楽しむ バラの植栽術 ———— 32
- PART 4　コンパクトに仕立てられる バラの鉢植え ———— 38
- PART 5　植える前に知っておきたい！ バラの栽培ポイント ———— 40
  - ◆植物図鑑◆　庭のポイントとなるバラ ———— 46
  - ◆植物図鑑◆　バラに合わせて咲かせる草花 ———— 48
- Column ❷　カラフルな野菜で「ポタジェ」を楽しむ ———— 50

第3章 特長を生かして庭を鮮やかに彩る 草花の使い方 ———— 51

- PART 1　毎年花が咲く草花類の主役 自然な風合いの宿根草 ———— 52
- PART 2　植えつける前に知っておきたい！ 宿根草の栽培ポイント ———— 54
  - ◆植物図鑑◆　季節を彩る宿根草 ———— 58
- PART 3　庭をさらに表情豊かにする 華やかな球根植物 ———— 62
- PART 4　植えっぱなしで手間いらず 愛らしい小球根 ———— 68

	◆植物図鑑◆　毎年咲かせる球根草花	74
PART 5	暑い気候でもよく育つ　個性的なカラーリーフ	76
PART 6	植物が育ちにくい　日陰を生かす工夫	80
	◆植物図鑑◆　半日陰に向く草花	82
PART 7	庭が映え、雑草対策になる　グラウンドカバープランツ	84
	◆植物図鑑◆　グラウンドカバープランツ	86
Column ❸	庭に繁茂する　雑草対策	88

第4章　実用と遊び感覚をプラス
小さな庭が映える演出 —— 89

PART 1	庭のフォーカルポイントになる　花壇の種類と作り方	90
PART 2	庭の表情づけにもなる　小道の効果と演出	94
PART 3	植物だけに頼らない　ガーデングッズの使い方	98
PART 4	庭の魅力がより引き立つ　季節の寄せ植え	100
Column ❹	あると役立つ　ガーデンツール	104

第5章　一年中花がいっぱい
小さな庭の咲き回し —— 105

年5回の植え替えで一年中花いっぱい　庭の咲き回し術	106
● 春の植えつけ	110
● 夏の大きな植え替え	112
● 秋のスポット植え替え	114
● 冬前の大きな植え替え	115
◆植物図鑑◆　一年草、一年草扱いの多年草	116

知っておきたい！　夏の対策	120
知っておきたい！　冬の対策	124
知っておきたい！　肥料の成分とはたらき	125
植物索引	126

※栽培に関する時期は、おもに関東西部から関西地域を基準に表記しています。
※特定の品種名を入れていない植物は、一般的に手に入る好みの品種を選んで使用してください。

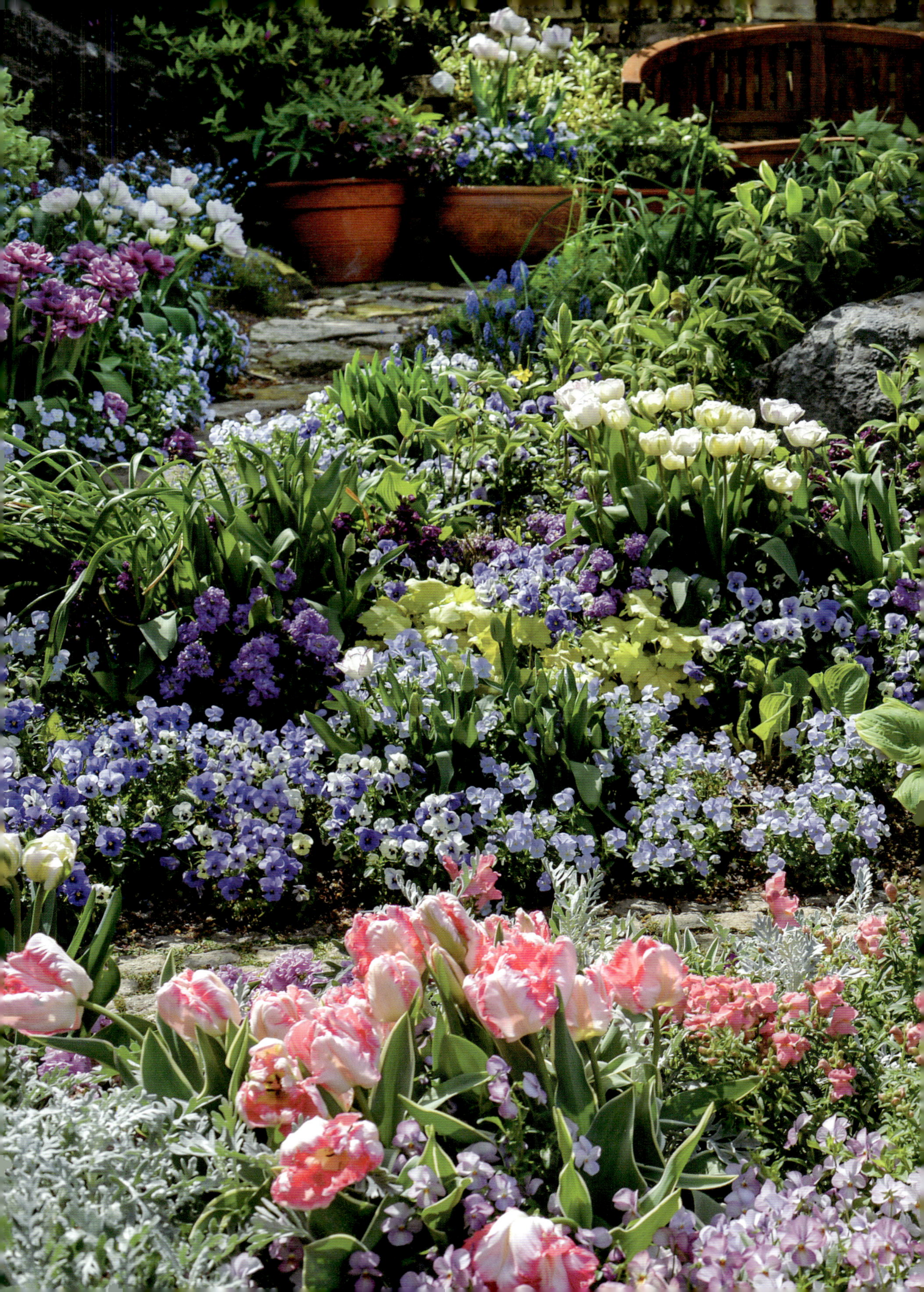

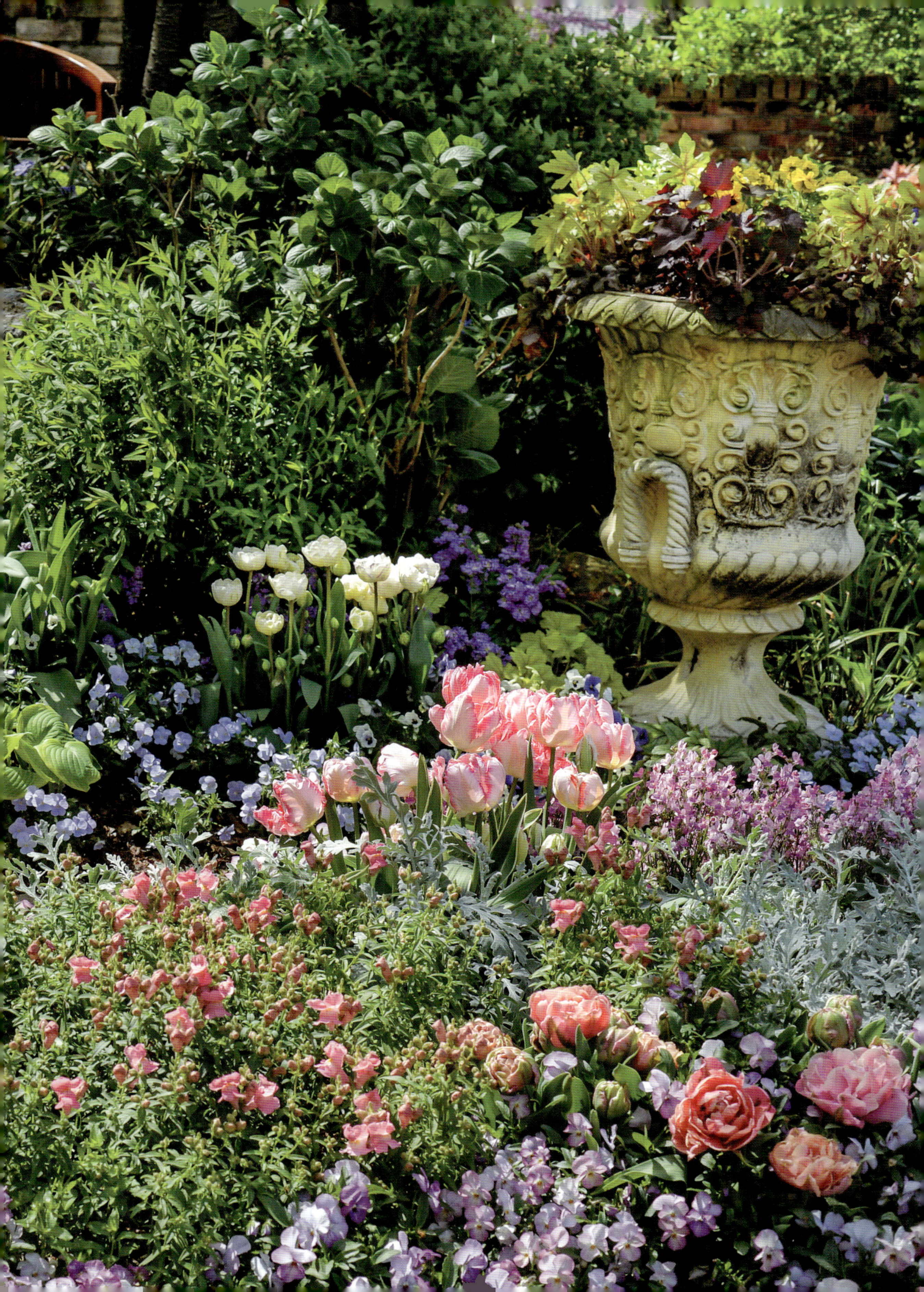

アイスバーグ
FL

第1章

美しくて、管理もラクな
庭のプランニング

PART 1

庭を作りはじめる前に
「理想の庭」をイメージする

　庭を作りはじめる前に、どんな庭にしたいのか、イメージをはっきりさせておきましょう。たとえば、「好きな花を育てたい」「庭でお茶を楽しみたい」といった庭への思いを明確にして、自分だけでなく家族とともに話し合っておくことがたいせつです。さらに、隣家との関係や地域のルール、景観への調和などを配慮することも必要です。

　洋風、和風をはじめ、庭にはその目的、環境、デザインなどによって、多様なタイプがあります。庭の大きさによっては難しいものもあるかもしれません。それでも、「こういう庭を作りたい！」というあこがれをもつことは、とてもたいせつです。めざす目標となるイメージ像があれば、同じ作業でも楽しみながら長く続けられるものです。

あなたの理想はどのタイプ？

バラのある庭
バラと草花の植栽が楽しめます。つるバラは壁面やアーチなどに絡めて立体的に仕立てると、バラは1本あるだけで、景色に調和しながら華やかな雰囲気を醸し出してくれます。

水辺のある庭
水辺のある光景は、不思議に心を落ち着かせてくれます。池を作らなくても、庭の片隅に水鉢を設けるだけで、手軽にスイレンやハスなどの水生植物が楽しめます。

コンテナガーデン
さまざまなサイズのコンテナやハンギングバスケットを組み合わせると、高さに変化が出て、小さくても見ごたえのある効果的なコーナーを作ることができます。手軽に移動して、印象を変えられるのも魅力です。

コテージガーデン

イギリスの田舎の庭をイメージしたガーデンには、草丈の高いさまざまな宿根草を組み合わせてナチュラルな雰囲気を楽しみます。初夏はバラと組み合わさった草花の景色がいちばんの見どころになります。

フロントガーデン

家の入り口の門扉から玄関を結ぶアプローチスペースは、人の往来も多く、目につきやすい場所です。小さくても花壇コーナーを設けて季節の草花を入れ替えるようにすると、庭全体がつねに花のある印象になります。

シェードガーデン

庭の明るい半日陰で、葉ものを主役にしたシェードガーデンが楽しめます。葉の個性を生かし、さまざまな色や大きさを合わせると、しっとりとした日陰ならではの空間が演出できます。

芝生のある庭

芝生は、草花を引き立てるのにうってつけで、グリーンの開放的な空間を作り出します。美しい芝生を維持するにはこまめなメンテナンスが必要です。

PART 2

気候、日当たり、土壌……
庭の環境をチェック

庭づくりは、庭の環境を知ることからはじまります。せっかく好きな植物を育てようと思っても、環境の合わない場所に植えたところで、生育不良を起こしたり、病害虫に侵されやすくなったりと、うまく育ちません。庭の環境を把握して、適切に植物を選ぶと、その後の管理作業はとてもラクになります。庭の環境を知るうえでのチェックポイントは、「気候条件」「日照条件」「土壌条件」の3つです。

1. 気候条件をチェックする

南北に長い日本列島は、関東以北は冷涼地、関東以西は暖地に大きく分けられますが、地域によって気候が大きく異なります。気温だけでなく、日照や降水量も地域ごとに特色があります。とくに宿根草では、気温によって冬越しできるもの、夏越しできず一年草扱いになるものが出てきます。

また、積雪量の多い地域では、雪が積もることで枝や葉が傷まないよう冬に地上部のなくなるものが管理しやすく、雪のない地域では、冬でも葉が茂るものを多くとり入れると、冬の庭も楽しめます。

まずは、住んでいる地域の年間の最高・最低気温がどのくらいなのかを確認しておきましょう。草花を育てるうえでの管理の目安になります。

雪で白一色の銀世界になった冬の庭

ポイント
日照時間による庭の区分

ひなた	半日以上、直射日光が当たる場所
半日陰	1日2～3時間程度、直射日光が当たる場所
日陰	直射日光がほとんど当たらない場所

2. 日照条件をチェックする

日照は、植物が生育するうえでなくてはならない条件です。日照時間や光の強さによって、育てられる植物の種類が変わってきます。住宅まわりの庭では、建物や塀、樹木などで半日陰となるスペースもたくさん見られます。

場所ごとに、太陽がどのように当たるのか、時間や季節を変えて庭を観察してみましょう。東側は午前中にやわらかな日ざしが、西側は夕方に強い西日がさすように、方角によって日の当たる時間帯や光の強さも変わります。太陽の位置の高い夏は、北側であっても日の当たる時間もあり、季節によっても日照時間に変化があります。落葉樹も葉が落葉している期間はひなたになります。

3. 土壌条件をチェックする

　植物が元気に育ち、美しい花を咲かせるためには、しっかりと根を張ることができる土が必要になります。理想的な土は、ふかふかとして弾力があるもの。こうした土は、「水はけ、水もち、通気性がよい」のが特徴です。水はけ・通気性は、40cm程度の穴を掘って水を流し込んだときに、自然に水が引けば問題ありません。水がたまるようなら、粘土質であったり、建築廃材などが埋められたりしていることも多く、これらを取り除いて腐葉土などを加えて改善しましょう。土を盛って高植えにしたり、植える場所をレイズドベッド（立ち上げ花壇）にしたりすることで、水はけをよくすることもできます。

　また、土の「酸度」も重要です。酸度は、市販の土壌酸度計などでチェックできます。一般的な植物は弱酸性（pH5.5〜6.5）の土壌が育てやすいですが、雨の多い日本では、酸性（pH5.0〜5.5）にかたよりがちです。年に1回、石灰を加えて、酸度を調整しましょう。アルカリ性ではピートモス（酸性の土壌改良材）をすき込みましょう。

バラと初夏の草花が最盛期になった庭

スコップでしっかり堆肥をすき込んでいく

庭づくりの3つのチェックポイント

☐ **気候に適した植物選び（耐寒性・耐暑性）**
☐ **日照状況に合った植物選び**
☐ **植物が育ちやすい土づくり**

人と環境にやさしいガーデニング

　庭づくりは、自分の楽しみからスタートしますが、最近は、人と環境にやさしいガーデニングへの関心が高まっています。具体的には、次のようなことが挙げられます。

① 夏の日ざしを避けるために、日陰を作るような樹木を植える。
② 窓辺にはつる性植物で緑のカーテンを作り、部屋に直射日光が入らないようにする。
③ 雨水貯留タンクなどを取りつけ、雨どいから集めた雨水を水やりに有効利用する。
④ 化学肥料や農薬に頼らず、土や自然の力を生かして育てる。
⑤ 共生関係にある「コンパニオンプランツ」を組み合わせて育てる（例：トマト×バジル）と、病害虫を予防したり、実のつきがよくなったりするなどの利点がある。

PART 3
環境やライフスタイルに合わせた
庭の効果的なゾーニング

庭の空間を上手に使うための、
家や敷地まわりの
チェックポイント

☐ **ブロック下の半日陰コーナー**

家と塀の間の半日陰の狭いスペースは、通路を確認しながら、半日陰を好むコンパクトな宿根草をメインに。カラーリーフの新しいものを選べば、長期間楽しむことができます。

▶半日陰を好む草花を植える
　→P82〜83

☐ **敷地まわり**

フェンスや塀などにつる性植物を這わせて楽しむことができます。また、フェンスや塀は低いほうが、風通しがよく、庭を広く見せることができます。

▶つるバラを這わせる →P34〜36
▶日陰や半日陰を美しく彩る → P78〜83

次に、家や敷地のまわりをチェックしてみましょう。自由な発想で眺めれば、意外と植え込み場所はたくさんあるものです。植栽スペースが限られている場合、どんな植物を植えたいかを絞り込むと、まとまりのある美しい庭になります。欲張って植えすぎると、庭としての統一感がとれず、散漫な印象になりがちです。庭を目的別に区分け（ゾーニング）して考えると、庭が作りやすくなります。

☐ **家屋の壁面**

家の壁面や柱なども、つる性植物を這わせれば建物と植物が一体になった景色に。全体を立体的に利用することで、庭に変化が生まれます。

▶つるバラを這わせる →P34〜36

☐ **小さな植え込みスペースも利用する**

人目に触れやすい場所に小さな花壇を作ると華やかな印象に。家の外観や敷地まわりのデザインに合わせて、さまざまな形状が楽しめます。

▶チャート砕石の花壇 →P92

☐ **アプローチまわり**

門扉から玄関へと伸びるアプローチの空間は、建物への動線であり、その庭の顔になります。建物や庭とのつながりを考慮して、美しく効果的な演出にします。

▶小球根を植える →P68〜73
▶グラウンドカバープランツを植える →P84〜87

PART 4 あとあと管理がラク！
手間いらずの庭をめざす

ローメンテナンスな庭にするためのチェックポイント

☐ **花期の長い一年草を選ぶ**
一年草を植えるときは、花期の長いものを選びましょう。6月と9月ごろに切り戻して追肥すると、夏から秋まで楽しむことができます。
▶咲き回し術 →P106～115

☐ **花壇はレイズドベッドにする**
レイズドベッドは、レンガや石材などで囲った立ち上げ花壇です。日当たり、水はけ、風通しがよくなるので、根腐れしやすい植物も育ちやすくなります。
▶レイズドベッド →P91

☐ **丈夫な植物を選ぶ**
なじみのある日本の在来種は、丈夫で育てやすいです。新しく流通しはじめた植物は、性質をよく確認してから植えます。
▶植物図鑑を参照

☐ **土の面積を少なくする**
土の面積を減らし、雑草が生えない工夫をしましょう。グラウンドカバープランツを地面に這わせたり、枕木や敷石、砂利などを敷いたりすることで、ローメンテナンスにもなります。
▶グラウンドカバープランツを植える →P84～87
▶ステップ石を敷く →P96

美しい庭を維持していくには、水やりや草取り、落ち葉の掃除など、日常的に必要な管理が発生します。「あれもしなくちゃ」「これもしなくちゃ」と追い立てられるようだと、楽しいはずの庭づくりも台なしです。長く楽しむために、時間と労力をできるかぎり省力化して、管理に手間のかからない「ローメンテナンスの庭」をめざしましょう。のんびりと好きな植物と向き合える庭にするために、次のチェックポイントを押さえて、理想のガーデンライフをスタートさせましょう。

☐ 生長の遅い樹木、コンパクトに育つ樹木を選ぶ

自然樹形で生長の早い樹木は手入れがたいへん。できるだけ生長の早い樹木は植えないようにします。

▶生育の遅い樹木、コンパクトに育つ樹木を植える→P20
▶枝ぶりを大きくしない剪定をする　→P23

☐ 宿根草で植え替えを減らす

なるべく手間をかけずに「花の庭」にしたい場合は、毎年開花する宿根草を主体に植えます。

▶宿根草を植える　→P58〜61
▶植えっぱなしにできる小球根を植える　→P68〜72

☐ 鉢植えや寄せ植えを組み合わせる

鉢植えやコンテナの寄せ植えは、植物の移動や植え替えがラクです。地植えの植物と上手に組み合わせると、管理の手間を抑えつつ、美しい庭にすることができます。

▶季節の寄せ植え
　→P100〜103

☐ 水やりの負担を減らす

水やりは庭の管理の基本ですが、意外に手間のかかる作業です。正しいやり方を覚えて、むだな水やりを省きましょう。また、自動灌水装置を取りつければ、真夏でも安心です。

▶正しい水やりで、植物を水切れに強くする　→P120

Column 1

イメージに合わせて楽しむ
カラーコーディネート

　色は、庭の印象づけに大きくかかわる要素のひとつです。同じ植物でも花色の違いで、受け取る印象は大きく変わります。
　花を植栽する場所が決まったら、まず、どんな花壇にしたいかイメージをはっきりさせます。そして、思い描いたイメージを「さわやか」「かわいらしい」などと言葉に表してみて、その言葉が当てはまりやすい色に置き換えてみましょう。その色を庭のテーマカラーにすると、庭に統一感が生まれ、まとまりのある美しい景色となります。
　色の関係を表すカラーサークルでは、円の中で隣り合う「同系色」はまとまりやすい配色、向かい合う「反対色」は引き立て合う配色です。白はカラーサークルには含まれない「万能色」で、全体のイメージをそのまま残し、明るい印象をプラスしてくれます。テーマカラーに反対色を少し加えるとアクセントになって、テーマカラーをより際立たせる効果があります。
　花が途切れないように、開花期の長いものや、銀葉や銅葉、斑入りなどのカラーリーフもとり入れてカラーコーディネートを楽しんでみましょう。

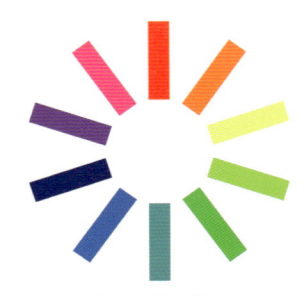

カラーサークル

🟡 **黄色系の庭**
黄色とオレンジのグラデーションが、明るく温かな印象に

🔵 **青色系の庭**
涼しさを感じさせ、落ち着いたシックな印象に

🔴 **ピンク系の庭**
淡い中間色のパステルカラーは、愛らしく女性らしい印象に

⚪ **ホワイトガーデン**
一度はあこがれる、白い花を集めた庭は清楚な印象に

第2章

庭の骨格になり、立体感を演出する
庭木の使い方

PART 1

庭を表情豊かに演出する
シンボルツリー

「庭が狭いから高い木は植えられない」と思っていませんか。葉が密に茂ってボリュームが出る庭木だと、庭の狭さが強調されますが、生長の遅いものや、枝が横張りせずにコンパクトに育つものを選べばよいのです。シンボリックな存在となる高木が1本あるだけで、庭に骨格を作り、見違えるほど表情豊かな庭に変わります。

「シンボルツリー」はある程度の大きさが必要ですが、どんな種類を選ぶかは、とくに決まりがあるわけではありません。花を愛でる、樹形を眺める、葉の色や形、質感、紅葉、実など、シンボルツリーの楽しみ方はさまざまです。

小庭向きのシンボルツリーの選び方

シンボルツリーは、庭の中の景色としてだけでなく、建物との調和や隣家など周辺の景観も考慮して選ぶようにします。

チェックポイント

☐ 家と庭の雰囲気に合うもの
☐ 1本だけでも楽しめる魅力あるもの
☐ 樹形がまとまりやすく、自然樹形が美しいもの
☐ 葉の美しさ、花が楽しめるもの
☐ 生長がゆるやかで、手間のかからないもの

樹種の分類と性質

落葉樹
秋から冬にかけて葉を落とす木
▶夏は木陰を、冬は日照を得たい場所に

常緑広葉樹
一年中、緑の平たい葉をつける木
▶常緑を生かし、目隠しや垣根などに

常緑針葉樹
一年中、緑の細い葉をつける木
▶生長がゆるやかなものを選べば多様な用途と組み合わせやすい

横に広がらないタイプのハナミズキ'ホワイトラブ'

シンボルツリーを植える位置

　狭い庭も、庭木を上手に配置すれば、実際よりも広い庭に感じられます。庭の空間だけを見て、植えつける位置を考えがちですが、いつもいる部屋から庭を眺めたときの景色も考慮して、植えつけ位置を決めるとよいでしょう。

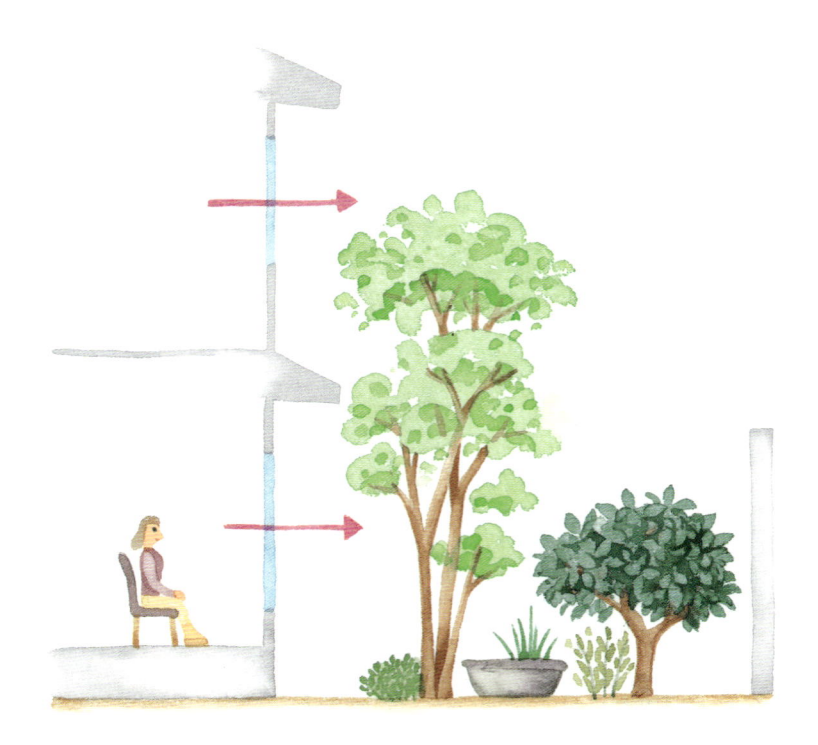

　いつもいる部屋から庭を眺めたとき、目の前に塀や垣根などがあると、どうしても圧迫感があります。そこで、家屋の手前に庭木を植えます。その場合、家屋の近くに大きな木を配置し、その奥に低い木を植えると遠近感が生まれます。

　図のように、株立ちの雑木類を植えれば、木の重なりができてより奥行きが感じられ、まるで雑木林にいるような景色を楽しむことができます。ジューンベリーやヤマボウシ、ヒメシャラなどの落葉樹を植えれば、夏は木陰を作り、冬は暖かい陽光がさし込む空間になります。また、ソヨゴやヒメイチゴノキなどの常緑樹を植えれば、外からの視線をさえぎる目隠しに役立ちます。生長すれば、2階の窓越しの眺めもよくなります。

庭にスペースが
あまりない場合

家屋と塀の間にスペースの余裕がない庭の場合は、庭木の後方に鉢植えを配置するだけで奥行きが感じられます。さらに、庭木の下にはクリスマスローズのような半日陰を好む植物を植えれば、より魅力的な庭になります。

庭木をコンパクトに剪定する

　狭い庭で庭木をバランスよく楽しむには、「生育を抑える剪定」を行います。よく伸びた枝や混んだ枝を剪定します。葉数が減ることで、生育がゆるやかになる効果があります。このとき、強剪定（枝を幹元まで深く切り込むこと）をせず、小枝を残してやさしい自然な樹形を維持します。小枝を残すと、生長点（枝や根の先端にあるよく伸びる部分）が分散して徒長枝が伸びにくくなり、生長のスピードが抑えられます。剪定する枝や時期については、下記を目安にしましょう。

剪定時期

落葉樹……12〜2月
常緑樹……5〜6月、または9〜10月
花　木……花が終わったころ

むだな枝の種類

◎……基本的に、剪定する枝
○……バランスをみながら剪定する枝
△……今後の木の形を考え、
　　　残したほうがよければ残す枝

△ふところ枝
木の内側に向かって伸びる枝

○重なり枝
同じ方向に同じような伸び方をする枝。どちらかを切る

◎徒長枝・飛び枝
不自然に強い勢いで伸びている枝

○1か所からたくさん出ている枝
枝ぶりを見て数本残し、不要な枝を剪定する

◎下がり枝
下に向かって伸びる枝

◎逆さ枝
幹に向かって内側に伸びる枝

△幹吹き枝
幹から直接発生している小枝

◎枯れている枝・衰弱している枝

◎ひこばえ
根元から不自然に出ている若い枝。見栄えが悪いうえ、養分を奪ってしまうのですべて切り取る

植物図鑑

ヤマボウシ 'ブルーミングメリーテトラ'
Benthamidia japonica 'blooming merry tetra'
ミズキ科サンシュユ属（ヤマボウシ属）　落葉高木

花期：5～6月、9～11月　**結実期**：9～10月　**樹高**：3～5m
日照：ひなた　　　　　　**水分**：適湿
特長：春と秋の年2回開花する二季咲き性で、とても花つきがいい。うどんこ病にも強く育てやすい。春の開花後につく果実は大きく、食べられる。秋に真っ赤に色づく紅葉も美しい。

スモークツリー 'ロイヤルパープル'
Cotinus coggygria 'Royal Purple'
ウルシ科ハグマノキ属　落葉高木

花期：5～6月　　　　　**樹高**：2～5m
日照：ひなた　　　　　**水分**：適湿
特長：深みのあるワイン色の葉が美しく存在感がある。ひなたほど葉色が美しくなる。他品種に比べると、煙のように見える花穂はつきにくい。乾燥に強いが、過湿が苦手なので水はけのよい場所に植えつける。

ハナミズキ 'ホワイトラブ'
Benthamidia florida 'white Love'
ミズキ科ミズキ属　落葉高木

花期：4～5月　　　　　**樹高**：3～5m
日照：ひなた　　　　　**水分**：適湿
特長：一般的品種に比べ、樹形が整いやすくスリムな直立性で、スペースの狭い場所にも植えやすい。大きなハート形の純白の花が華やか。乾燥に弱いので夏の高温期は注意を。

ジューンベリー
Amelanchier canadensis
バラ科ザイフリボク属　落葉高木

花期：4月　　　　　　**結実期**：6月　　**樹高**：3～5m
日照：ひなた　　　　　**水分**：適湿
特長：花と実と紅葉の3回の見どころがある。写真は春に白い小花を咲かせたころ。初夏に実をつける。枝は細く、すっきりとした樹形も美しい。丈夫で手間もあまりかからない。

庭を象徴する シンボルツリー

ツリバナ
Euonymus oxyphyllus

ニシキギ科ニシキギ属　落葉低木

花期：5～6月　　**結実期**：9～10月　　**樹高**：2～4m
日照：ひなた　　**水分**：適湿
特長：名前は長い花柄に花や実をつり下げることから由来。初夏の花後につく果実は秋になると割れて、中から真っ赤な種子が見えて美しい。自然樹形を楽しむので、剪定は不要な枝を整理する程度に行う。

ソヨゴ
Ilex pedunculosa

モチノキ科モチノキ属　常緑高木

花期：5～6月　　**結実期**：10～11月　　**樹高**：2～4m
日照：ひなた～半日陰　　**水分**：適湿
特長：名前は風で「そよぐ」ことに由来。常緑樹に少ない小さな葉の軽やかな樹形でナチュラルな雰囲気。濃い緑の葉は縁が波打ち、雌雄異株で雌株にだけ秋に赤い果実がつく。やや湿った場所を好む。

オリーブ・シプレッチーノ
Olea europaea 'Cipressino'

モクセイ科オリーブ属　常緑高木

花期：6月　　**結実期**：10～11月　　**樹高**：2～5m
日照：ひなた　　**水分**：適湿
特長：シルバーの葉が美しく、明るい洋風の雰囲気を演出できる。直立型の太い幹が伸びてコンパクトに樹形がまとまりやすい品種で、生育もゆっくりなので管理しやすい。寒さや風にも強い。

アロニア（オータムベリー）
Aronia melanocarpa

バラ科アロニア属　落葉低木

花期：5月　　**結実期**：9～10月　　**樹高**：2～3m
日照：ひなた～半日陰　　**水分**：適湿
特長：耐寒性・耐暑性に優れる。水はけのよい場所を好む。初夏に白い小花を咲かせたあと、秋になると黒紫の果実をつけ、食用できる。秋の紅葉も楽しめる。自然な枝ぶりで大きくなりすぎない。

PART 2

高木と草花のつなぎ役
シュラブ（低木）

　花や葉の美しい低木を「シュラブ」と呼び、花や葉以外にも実や枝ぶりの美しさから、ガーデニング素材として注目されつつあります。シンボルツリー（高木）を植えたら、そのまわりに、シュラブをバランスよく植えてみましょう。シュラブは、高木と草丈の低い草花をつなぐ役割も果たします。花壇に加えると、草花には出せないボリューム感と立体感を出してくれます。

　小さな庭ではシュラブを主木にしたり、生垣にも使えます。場所に応じた使い方をすることで、魅力がいっそう引き立ちます。品種はバラエティーに富んでいますが、樹種によって樹形や生長のスピードなどが異なるので、性質をよく理解してから選ぶことがたいせつです。

シュラブとは？

　小灌木や低木の総称。葉の彩りの美しいものは、カラーリーフ素材として、ポット苗で草花と同じようにガーデンショップで手軽に入手できます。常緑のものは、庭のグリーンの骨格となり、一度植えれば何年も継続して楽しめるので、花壇に加えると植え替えのスペースの削減となって、ローメンテナンスにもなります。

① 樹高３m以下の樹木
② 地際から枝分かれするものが多い
③ 高木と草花の中間的な存在

高さで比べると……

高木
樹高が３m以上になるもの。幹がはっきりとしていて、大きな幹立ちとなる

シュラブ
樹高が３m以内のもの。地際から枝分かれしたり、株立ち状となって、幹と枝との区別がつきにくい

草花
宿根草や一年草、球根植物など

株立ち状のヤマボウシ（写真奥）と、チューリップやビオラ（写真手前）の間で見ごろになった
オオデマリ'ジェミニ'（写真中央）。シュラブのオオデマリがほどよいボリュームで高木と草花の橋渡しとなっている

植物図鑑

カメリア'エレナ・カスケード'
Camellia 'Elina Cascade'

ツバキ科ツバキ属　常緑低木

花期：3〜4月　　　樹高：1〜2m
日照：ひなた〜半日陰　水分：適湿
特長：ゆるやかなカーブを描いて枝を伸ばし、春に淡桃色の花径1cmほどの小花を鈴なりに咲かせる。葉も細かく、繊細な印象。ツバキ科の植物に発生しやすいチャドクガがつきにくい。剪定は花後すぐに。

シャクナゲ'ウエディング・ブーケ'
Rhododendron Hybrid Cultivars 'Wedding bouquet'

ツツジ科ツツジ属　常緑低木

花期：4〜5月　　　樹高：60〜100cm
日照：ひなた　　　水分：適湿
特長：樹形がコンパクトで、葉が密に茂り、剪定をしなくても樹形が整う。丈夫で花つきがよく、濃いピンクのつぼみから咲きすすむと淡くなり、満開時は白に近いピンクになる。暑さや病気に強く、丈夫で育てやすい。

ライラック'パリビン'
Syringa vulgaris 'Palibin'

モクセイ科ハシドイ属　落葉低木

花期：4〜6月　　　樹高：80〜150cm
日照：ひなた　　　水分：適湿
特長：コンパクトな矮性のライラック。樹形は低くまとまりがよい。花はピンク色の円錐状の花房を密に咲かせ、花には芳香もある。7〜8月に花芽をつくるので、剪定は花後すぐに行う。

バイカウツギ'ベルエトワール'
Philadelphus × lemoinei 'Belle Etoile'

アジサイ科バイカウツギ属　耐寒性落葉低木

花期：5〜6月　　　樹高：80〜200cm
日照：ひなた　　　水分：適湿
特長：直径5cmの芳香のある白の大輪花を咲かせ、花の中心にラベンダー色の目が入る。生長が早いので、花後に樹形を整える剪定を行う。充実した前年枝から伸びた枝に花を咲かせるので、枝伸びを生かせる場所に植えると花つきがよくなる。

シュラブ〈花のきれいな低木〉

アメリカアジサイ'アナベル'
Hydrangea arborescens 'Annabelle'
アジサイ科アジサイ属(ハイドランジア属)　落葉低木

花期:5～8月　　**樹高**:50～150cm
日照:ひなた～半日陰　**水分**:やや湿潤
特長:花は白い小花が集まり、直径20cm以上の大きなボール状となって見ごたえがある。春に伸びた枝に花を咲かせるので、花後～冬のあいだに強い剪定ができ、管理しやすい。

スキミア'ルベラ'
Skimmia japonica 'Rubella'
ミカン科スキミア属　常緑低木

花期:10～5月　　**樹高**:50～100cm
日照:半日陰～日陰　**水分**:やや乾燥
特長:秋に赤い小さなつぼみをたくさんつけた房が、冬の庭を彩り、春になると小さな花を咲かせる。生育はゆるやかで、植えつけから数年は剪定をしなくても分枝し、横枝が張る。

オオデマリ'ジェミニ'
Viburnum plicatum var. plicatum 'Gemini'
レンプクソウ科ガマズミ属　落葉低木

花期:4～5月　　**樹高**:2～3m
日照:ひなた　　**水分**:適湿
特長:淡いピンクや白の花を咲き分け、手まり状に、枝いっぱいに咲かせる。病害虫に強く、耐寒性がある。乾燥を嫌うので、西日を避けた場所に植えつける。剪定は落葉期に、古枝や枯れ枝を整理する。

ノリウツギ
Hydrangea Paniculata
アジサイ科アジサイ属　落葉低木

花期:7～9月　　**樹高**:2～3m
日照:ひなた～半日陰　**水分**:適湿
特長:アジサイの仲間だが、円錐形の花穂をつける。花の少なくなる夏にかけて咲く貴重な花木。春に伸びた枝に花が咲くので、花後から冬のあいだに強剪定が可能。乾燥地や夏に西日の当たる場所は避ける。

植物図鑑

ロニセラ'レモンビューティー'
Lonicera 'Lemon Beauty'

スイカズラ科スイカズラ属　常緑〜半常緑低木（関東以北の寒冷地では落葉）

観賞期（葉）：周年　　**樹高**：20〜50cm
日照：ひなた　　**水分**：適湿
特長：細かなレモン色の斑入り葉を密につけ、株立ち状に枝を伸ばしてとても軽やかな印象。とても丈夫で剪定にも耐え、伸びすぎたら好みの位置でカットできる。

ウーリーラベンダー（ラベンダー・ラバンデュラ・ラナータ）
Lavandula lanata

シソ科ラベンダー属　常緑小低木

観賞期（葉）：周年　　**樹高**：10〜60cm
日照：ひなた〜半日陰　　**水分**：適湿〜やや乾燥
特長：もこもことした質感の葉が美しい、おもに葉を楽しむラベンダー。コンパクトで、こんもりとした樹形となる。夏は風通しのよい半日陰地に。初夏に濃い紫色の花を咲かせる。

プリペット'レモン&ライム'
Ligustrum sinense 'Lemon&Lime'

モクセイ科イボタノキ属　常緑低木

観賞期（葉）：周年　　**樹高**：1〜2m
日照：ひなた〜半日陰　　**水分**：やや湿潤
特長：細かな葉の黄色の覆輪がさわやかで庭のアクセントになる。ひなたから半日陰まで育てられるが、ひなたのほうが葉色は鮮やか。丈夫で旺盛に生育するので、伸びすぎたらそのつど剪定する。

アベリア'ホープレイズ'
Abelia × grandiflora 'Hopleys'

スイカズラ科ツクバネウツギ属　常緑低木

花期：5〜10月　　**樹高**：40〜100cm
日照：ひなた〜半日陰　　**水分**：適湿
特長：黄色の外斑の葉が明るい印象に。寒さに当たると白斑がピンクに色づく。ピンクのベル形の小花も愛らしく、長く咲き続ける。生育旺盛で刈り込みにも耐える。

シュラブ 〈葉のきれいな低木〉

ツリージャーマンダー
Teucrium fluticans

シソ科ニガクサ属　常緑低木

花期：6〜8月　　　草丈：20〜100cm
日照：ひなた　　　水分：適湿
特長：シルバーリーフが美しく、初夏に淡いラベンダー色の花も楽しめる。丈夫で育てやすく、生育旺盛で刈り込みにも耐えるので、伸びすぎたらそのたびに刈り込むと草姿が整う。

メギ'アトロプルプレア'
Berberis thunbergii 'Atropurpurea'

メギ科メギ属　落葉低木

花期：4〜5月　　　樹高：50〜200cm
日照：ひなた〜半日陰　水分：適湿
特長：新芽は濃紅茶色で、その後赤色に変化する。春に黄色い小花を咲かせる。刈り込みにも耐え、庭木や生垣など多目的に楽しめるが、鋭いトゲがあるので、植え場所に気をつける。

セイヨウイワナンテン'アキシラリス'
Leucothoe walteri 'Axillaris'

ツツジ科イワナンテン属　常緑低木

花期：4〜5月　　　樹高：50〜100cm
日照：ひなた〜半日陰　水分：適湿
特長：艶のある葉は冬に赤みを帯びたブロンズ色になり美しい。夏の直射日光は避ける。明るい半日陰でも育つので、樹木の根締めにも最適。初夏にスズランに似た小花を咲かせる。

ヒペリカム・カリシナム'ゴールドフォーム'
Hypericum calycinum 'Goldform'

オトギリソウ科ヒペリカム属（オトギリソウ属）　常緑低木

観賞期（葉）：周年　樹高：30〜50cm
日照：ひなた〜半日陰　水分：やや湿潤
特長：季節や日当たりによって、葉色が変化。半日陰でライムグリーン、ひなたでイエロー、寒さでオレンジ色へと変化する。コンパクトで枝が暴れず、長く伸びた枝は刈り込むと枝数が増える。

PART 3

1〜2株植えて草花と楽しむ
バラの植栽術

　バラは、華やかな花姿から、ひと株あるだけで効果的な庭のフォーカルポイントになります。スペースの限られる小庭では、コンパクトに管理がしやすいブッシュやシュラブタイプの鉢植えがおすすめです。シュラブタイプは枝を伸ばせばつるバラとして楽しめ、窓辺やアーチに這わせたり、フェンスやトレリスなどに絡ませたりすれば、庭の景色をより立体的にしてくれます。

　バラを美しく見せるコツは、庭の中でいちばんめだつ場所を見つけて、どこから眺めるかを考えて配置することです。バラは魅力的ですが、手間もかかる植物です。まずは1〜2株からはじめ、バラも庭の景色のひとつとして、庭全体に調和するように樹形から選び、草花との組み合わせを楽しみましょう。

バラの樹形は3タイプある

　バラは、樹形から大きく「木立性」「半木立性」「つる性」の3タイプに分けられます。樹形によって植える場所や仕立て方に向き不向きがあるため、品種を選ぶときに必ずチェックしましょう。

木立性
（ブッシュ）

株が直立するタイプ。ハイブリッド・ティ（大輪四季咲きのバラの系統）、フロリバンダ（中輪房咲きのバラの系統）に代表されます。樹高は0.6〜1.8mですが、樹高1mほどのコンパクトなタイプなら鉢で楽しむこともできます。

半つる性
（シュラブ）

木立性とつる性の中間の性質をもつタイプ。花つきがよく強健で、クライミングローズほど枝が伸びないため庭の中でも扱いやすく、壁面や窓まわりに向きます。オールドローズやイングリッシュローズは、おもにこのタイプです。

つる性
（クライミング、ランブラー）

つるバラのこと。株元からシュート（新しい枝）がつるのように伸び、いったん上方に枝を伸ばしてから枝先をアーチ状に曲げます。つるの伸び方によって株元から枝が立ち上がって先端が垂れるタイプをクライミングローズ、地面を這うように伸びるタイプをランブラーローズと呼びます。

いろいろな花の咲き方
- ・四季咲き………剪定管理することにより、春から秋にかけて繰り返し開花するもの
- ・繰り返し咲き…春から秋まで枝のどこかに花が咲くもの
- ・返り咲き………春の開花後、別のシーズンにも花が咲くもの
- ・一季咲き………春だけ咲くもの

ガーデンシェッド(庭の物置小屋)にアプリコットカラーの'クレール・ジャキエ'(ノアゼット系)と、'バフ・ビューティー'(ハイブリッドムスク系)がやさしく調和する。枝一面に咲くタイプは、淡い花色を選ぶと景色になじみやすい

大輪のつるバラ×草花

多彩な花の重なりで奥行き感を演出

　壁面を彩るつるバラと草花を合わせると、重なるように花が咲き誇り、庭に奥行きが生まれます。大輪のつるバラは、美しい花を1輪ずつ愛でられるよう、アプローチ沿いなど、間近で花を楽しめる場所に植えるのがおすすめです。このとき、繰り返し花が咲くタイプのバラを植えると、つねに花が楽しめ、より映えるシーンに仕上がります。なお、存在感のある大輪のつるバラは、淡色の品種を選ぶと草花とも合わせやすくなります。

早春の庭。秋に定植したデルフィニウムなどの株がじっくり生長。株間が気になる場合、冬から春に楽しめるビオラなどの一年草や、チューリップなどの春咲き球根を植えるとよい

a　バラ'ロココ'
b　ジギタリス・プルプレア
c　デルフィニウム・オーロラ
d　カンパニュラ・メディウム
e　ニゲラ
f　アグロステンマ・パープルクィーン
g　クラスペディア
h　アグロステンマ・桜貝
i　カタナンケ

ポイント

バラと草花で印象的なシーンを作るには？

① 花期を合わせる

バラに合わせる草花は、バラの開花のピークとなる5月中旬ごろに見ごろのものを選びます。また、バラのシーズン前後に開花する草花もいっしょに植えると、長期間、花を楽しめます。

② 花色を調和させる

1株だけでも圧倒的な存在感のあるバラ。ほかの草花と調和させるには、はっきりとした原色よりも、白や淡いピンクなど、やわらかい中間色を選ぶとよいでしょう。ピンク系のバラには、青から紫系の草花が好相性です。

③ 花形と草姿で全体のバランスをとる

見ごたえのある中～大輪のバラには、デルフィニウムやジギタリスなど、長い花穂が立ち上がる縦のラインの草花や、ニゲラなどの小花をとり入れると全体が調和します。小花は草花どうしをつなぐ役割があるので、ぜひとり入れましょう。

5月

淡いアプリコット色のつるバラのロココがふんわりと咲くその後ろに、同色のジギタリスと水色のデルフィニウムの花が加わってロマンチックな雰囲気に。濃いバイオレットのアグロステンマ・パープルクィーンが引き締め役に

小輪のつるバラ×草花

草花とナチュラルにマッチ

　小輪のつるバラは、枝いっぱいに花をつけて壁一面を覆います。花で彩られたボリューム感のあるコーナーは、遠めからでも見ごたえがあります。小輪のバラは可憐なので、草花とナチュラルにマッチし、細い枝が作る繊細な景色は風情を感じさせます。数種類のバラを合わせても、うるさくならないところも魅力です。

a　バラ'紫玉'
b　バラ'ペネロープ'
c　バラ'ローブリッター'
d　ジギタリス・プルプレア
e　リクニス・コロナリア
f　カンパニュラ・メディウム
g　セイヨウオダマキ'ノラバロー'
h　ダイアンサス'ブラックベアー'
i　ダイアンサス'ダイナスティ'
j　ギリア・トリコロール

小輪バラのローブリッターやペネロープが咲くコテージガーデン。草丈の高いジギタリスの間を、シルバーリーフが美しいリクニスや小花のギリアがつなぎ、まとめている

白でまとめたホワイトガーデン。木立性バラのアイスバーグに、デルフィニウムやジギタリスで縦のラインをつけ、ニゲラやオルレア、セントランサスで全体をまとめている。銅葉のペンステモン'ハスカーズレッド'は引き締め役。銀葉のラムズイヤーをバラの株まわりに配して、風通しを確保

木立性バラ×草花

ワンカラーでまとまり感がアップ

　木立性バラは、草花との混植になるので、花色や草丈などのバランスに要注意。同系色でまとめる場合は、テーマカラーに濃淡のグラデーションを加えたり、銅葉や銀葉などのカラーリーフをとり入れたりすると単調になりません。淡い色をテーマカラーにする場合は、草丈にも違いをつけて、よりメリハリを出すようにしましょう。

花のつき方や葉の形、全体の草姿などに注目して、異なる要素をもつ草花を隣り合わせて互いの個性を引き立てる。花色は、基本となるテーマカラーを決め、そこにアクセントとなる反対色を少し加えることで全体が締まる

ポイント
草花をより美しく演出するために

① 初夏に開花する草花は、秋に植える

まだ気温が高い秋に植物を植えつけると、しっかりと根づき、株をひと回り大きくしてから冬を迎えることができます。そうすることで、春に株が充実し、花数も多くなります。また、複数の草花を同時に植えることで、生育のスピードもそろいやすく、春にはよりナチュラルで美しい光景を見ることができます。

② 草花の配置はランダムに

ナチュラルな雰囲気を作りたいときは、草花を整然と並べずランダムに配置するとよいでしょう。花が折り重なるように咲き、草花の生長とともに入り交じってこぼれ種から咲いたような自然な植栽になります。インパクトのあるバラに負けないよう、草花は同じ種類を3〜5株まとめて植えると、草花の個性をはっきり見せることができます。

PART 4

コンパクトに仕立てられる
バラの鉢植え

　バラは、庭植えにできないテラスや小道でも、生育するのに十分なサイズであれば、鉢植えで楽しむことができます。庭植えでは伸びが旺盛な品種も、鉢植えにすればコンパクトに育てることができます。また、雨に当たると花が開きにくいオールドローズの粉粧楼（フェンツァンロ）や、黒点病にかかりやすい品種は、鉢植えがおすすめです。ふだんは日当たりのよいところに置き、雨が降ったときは軒下に移動させます。

　PART3で紹介したつるバラでは、鉢植えで壁面を這わせることもできます。また、鉢にオベリスクを設置すれば、シンボリックなバラのオブジェとして仕立てることができます。テラスやベランダなどにも配置できて、演出範囲も広がります。

アプローチまわりの人目につく場所をバラの鉢植えで印象的に！

アプローチまわりの人目につくところに配置したバラ。シンプルな素焼き鉢が、バラをより美しく引き立てています。

花の楽しみ方のポイント
人目につく場所には、繰り返し咲いてくれる四季咲き性を。いくつかのバラ鉢を咲いた順にローテーションさせると、いつも花が途切れず、より華やかなコーナーになります。

枝を伸ばしてシュートクライマーとし、背景にあるレンガの壁面に誘引して、バラの美しい景観を作る

窓辺を覆う
つるバラとクレマチスの
コンビネーション

バラとクレマチスの組み合わせは抜群！ バラにはないブルーの花色のクレマチスは好相性です。鉢植えであれば、窓辺や玄関など、限られたスペースでも華やかに演出することができます。

バラと組み合わせるクレマチスの選び方
クレマチスには、さまざまな系統、品種がありますが、バラと開花の重なる遅咲きで、冬の管理がしやすい強剪定ができるタイプがおすすめです。

フォーマルな印象になる
バラのスタンダード仕立て

スタンダード仕立てとは、長く伸びた台木に接ぎ木したもので、立ち上がった幹にボリューム感のある花が咲く姿は、庭のポイントになります。花下のスペースがあくので、草花との混植でも互いの生長の妨げにならず、花も高い位置で咲くので、日照を得やすいメリットもあります。小庭の中心に配置したり、アプローチの両側にシンメトリーに配置すると、フォーマルな整形式庭園の印象に。

ポイント
バラ鉢を選ぶポイント

バラは、根を下へ下へと伸ばします。鉢が小さいと十分に根が伸びません。根の生長のためには、多孔質で通気性・吸水性・排水性に優れた深い素焼き鉢がおすすめです。素朴な色合いと質感がバラを引き立て、庭の中に調和します。こまめな水やりができない場合は、水やりの回数も少なくてすみ、軽くて丈夫なプラスチック鉢のほうが無難でしょう。最近は、軽くて扱いやすいFRP（繊維強化プラスチック）の鉢や、おしゃれなプラスチック鉢などが増えています。いずれにしても、深鉢で安定感のあるシンプルなものを選びましょう。

PART 5 植える前に知っておきたい！
バラの栽培ポイント

華やかな花が真っ先に思い浮かぶバラは、落葉低木で、一度育てはじめると、草花以上に長くつきあう植物です。バラの楽しみ方は人によってさまざま。限られた空間を有効に使うためにも、何をいちばんに優先したいか、目的をはっきりさせることがたいせつです。

上手なバラの選び方

庭のどんなシーンで楽しみたいか、目的に合った品種選びと、生育環境に合った品種選びがポイントです。バラは、日当たり、風通し、水はけのよい場所を好みます。日当たりは1日4時間以上直射日光が当たるところが理想的です。

A 条件から
庭の植栽状況、日照、広さなどから、ふさわしい品種を選ぶ

B 好みから
好きなバラから、樹形、咲き方などを関連づけて、イメージを広げていく

1 樹形、樹高
庭の植栽状況、日照、広さなどから、適したサイズのものを選ぶ
→本来の性質のまま育てられ、もっとも簡単に美しい花を咲かせることができます。

2 花の咲き方
メインの場所には、四季咲きや返り咲きのバラを選ぶ
→いつも視線がいく庭のポイントとなる場所には、繰り返し花が咲く品種がおすすめ。

3 花の形、大きさ、色
遠くから眺める場所は、全体のボリューム感があるものを選ぶ
→個々の花の形よりも全景として見るので、花が群れて咲くものを選びます。小輪で房咲きの、花つき、花もちのよい品種がおすすめ。

苗の種類

バラの苗は、新苗、大苗、鉢苗などのタイプがあります。時期によって出回る種類が異なります。はじめて育てる場合は、花や葉のついた苗から育てるとよいでしょう。

新苗
流通する時期：4〜5月

販売される前年の夏から冬に接ぎ木をして、春まで育てた若い苗木。1年目はつぼみがついていても、摘んで株を育てることを優先する。

大苗
流通する時期：10月〜翌3月

新苗を秋まで育てた苗。枝を50cmほどに切り詰め、葉は落葉していることが多い。株が充実していて、翌春に花が楽しめる。

鉢苗
流通する時期：通年

大苗を鉢上げした苗。春や秋の開花時期なら花を見て選ぶことができ、その花姿をすぐに楽しめる。また、初心者でも育てやすい。価格はもっとも高い。

実践 新苗を植えつける〈鉢植え〉

新苗は、庭植えもできますが、水の管理がしやすい鉢植えにして株を充実させるのがおすすめです。新苗を入手したら、根が生長しやすいようにひと回り大きな鉢（直径18cmの6号鉢程度）に植えつけます。
生育期の植えつけのポイントは、根鉢を崩さないことです。

用意するもの
- 新苗
- バラ専用培養土
- 元肥（元肥入りの用土であれば不要）
- 鉢
- 鉢底ネット
- 鉢底石

※鉢底石は、水はけをよくするために使う。深さがある鉢や、鉢底の穴が小さいものに入れるとよい。水はけのよい土の場合や、土の量があまり入らない場合は入れなくてもよい。

①鉢と土を準備する
鉢底にネットを敷き、鉢底石を2〜3cmほど入れる。培養土に適量の元肥を混ぜて、鉢の半分くらいまで入れる。元肥が配合されている培養土であれば、そのまま使用する

②株元を持って苗を抜く
新苗は台木の接ぎ口がはずれやすいので、根元部分を持ってポットから苗を静かに引き抜くか、ポットを逆さにして取り出す

③根鉢は崩さずに植える
苗を鉢に入れて、鉢の縁より3cmくらい下の位置になるよう用土を入れて調整する（この空間をウォータースペースといい、この部分に水がたまるくらい水やりすると、根鉢全体に水をしみ込ませることができる）。周囲に用土を加え、隙間ができないように割り箸などで土を突きながら植えつける

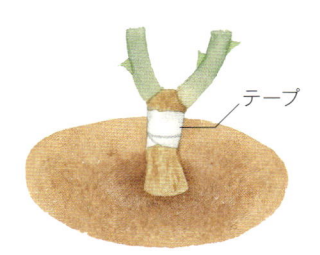

④接ぎ口は地表に出す
植えつけ時に、苗の接ぎ口が土に埋まらないようにする。接ぎ口のテープは、そのまま秋まではずさないでおく。生長して食い込んできたらはずす

⑤植えつけ完了後、すぐに水やりを
植えつけたら、すぐに鉢底から水が流れ出るまで、たっぷりと水やりする。根づくまでの1か月間は、乾燥しないように注意する

実践 🌱 大苗・鉢苗を植えつける〈庭植え〉

庭植えの場合は、はじめの土づくりがたいせつです。
しっかりと根が張れるよう、できるだけ深く大きな植え穴を掘ります。
そして、有機質が多く、通気性のよい土に改良してから苗を植えつけましょう。
葉があるときは、根鉢を崩さないのがポイントです。

用意するもの
- 苗
- 完熟腐葉土
- 完熟堆肥
- 元肥
- ケイ酸塩白土（ミリオンなど）
  ※根腐れ防止効果などがある土壌改良材

①植え穴を掘る
植え場所を決めたら、幅・深さともに50cmほどの植え穴を掘り起こす。水はけが悪い場合は、植え穴にパーライトか腐葉土を厚さ5cmほど入れる

②土をブレンドする
掘り上げた土に、腐葉土と堆肥をスコップ2～3杯（3～5ℓ）加え、さらに元肥を規定量の半分加えて混ぜておく。一方、植え穴には堆肥5～10ℓを入れて、穴の底の土とよくなじませ、残りの元肥とケイ酸塩白土を入れて、スコップでよく混ぜる。そこへ掘り上げて改良した土を7割くらい戻す

③根のまわりの土を落とす
大苗をポットから抜き、新しい白い根が伸びていなければ、根鉢の肩の部分（上部の角）や底をほぐすと根がスムーズに張りやすくなる。傷んだ根や長すぎる根があれば切っておく。根が動いている生育期に植えるときは、根鉢を崩さずに植えるのがポイント

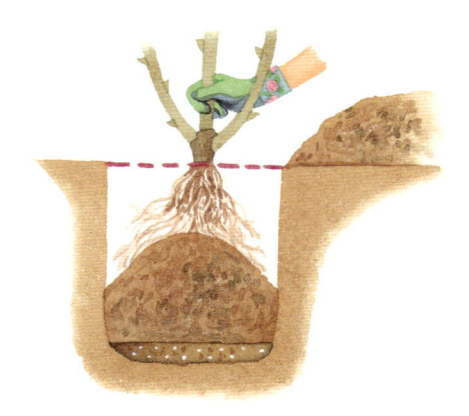

④根を広げ、主幹をまっすぐに立てる
大苗の根を均等に広げ、植え穴の中心に主幹（太くしっかりとした枝）がまっすぐ立つように配置する。棒などで突きながら、根と根の間にていねいに土を入れる。接ぎ口が土に埋まらないように注意し、接ぎ口のテープは、あとで食い込んでくるのではずしておく。植えつけたら、根の周囲の土を寄せ、株のまわりに土手を作っておく

⑤水やりし、支柱を立てる
じょうろのシャワーでたっぷり水鉢を作り、水やりする。一度水が引いたら、再度水やりをして十分水を行き届かせる。水が引いたら土を平らにならし、苗がぐらつかないように支柱を立てる。植えつけ直後は、表土が乾いたら水やりする。また、1月に霜が降りる地域は、腐葉土やバーク堆肥でマルチングをするとよい

実践　つるバラの植えつけ方

つるバラを家の壁面に這わせるには、植えつけ場所が重要です。窓辺に仕立てたいからといって、つるバラを窓の真下に植えつけるのは禁物です。つるバラを楽しむための上手な植えつけ方の基本を紹介します。

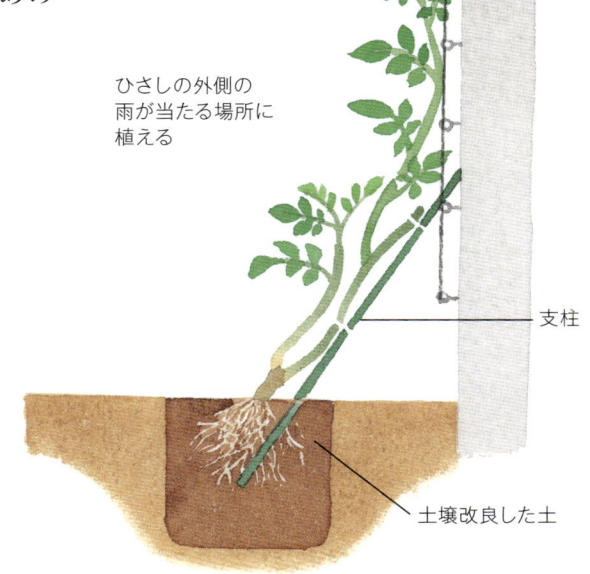

ひさしの外側の雨が当たる場所に植える

支柱

土壌改良した土

1. 咲かせたい場所から離れた、雨の当たる場所に

つるバラは、植えつけた場所ではなく伸びた枝の先端に花をつけます。ですから、枝の伸びに合わせて、咲かせたいところから離れた場所に植えつけます。また、家屋の壁面に仕立てる場合には、必ずひさしの外側に植えつけ、雨が十分に当たる場所を選びましょう。

2. 壁面にはワイヤーロープを張る

壁面に仕立てる場合は、ステンレスのワイヤーロープを取りつけると、丈夫でめだたず、きれいに仕上がります。レンガやブロックなどの場合は、目地に合わせて取りつけるときれいに収まります。壁にビス穴をあけたくなければ、壁の前に柱を立ててワイヤーロープを取りつけるとよいでしょう。

ヒートンにワイヤーロープを張る

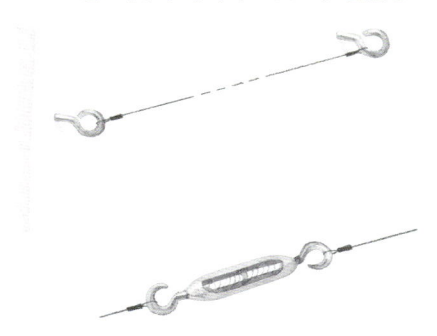

ステンレスのヒートンを壁にねじ込み、ワイヤーロープをかける

ターンバックルフックをあいだにつけると、ロープの張りが調整できる

3. 壁に届くまでは支柱で橋渡し

つるが短くて、仕立てたい場所に届かないときは、バラの近くに支柱を差して橋渡しをします。つるが届いたら支柱ははずしましょう。

窓辺に誘引する

窓まわりに花を咲かせるためには、花の咲く枝先が窓に届くように、窓から少し離れたところにバラを植えつけます。小花ほど、枝先の繊細な部分が窓にかかるように、枝を切らずにすむような距離をとります。
しっかりとした強度のワイヤーを窓の両サイドに垂直に引き、これを足がかりに水平に渡していきます。窓枠に支柱を添えて打ち込んだり、サッシにひっかけたりするなどの工夫をします。

つるバラの生育サイクルと剪定・誘引

　つるバラを窓辺やフェンスなどに這わせるには、枝の剪定・誘引作業が欠かせません。一般に、植物は枝の頂上付近の芽がよく伸び、花が咲きやすい「頂芽優勢」という性質をもっています。この性質を利用して、つるバラをコントロールしていきます。誘引は、つるバラが休眠する冬（枝が曲げやすく芽が吹く前の12月ごろ〜1月中）に芽を傷めないように行いましょう。年1回、この作業を確実に行うことによって、最盛期には、1本のつるバラで何輪もの花々を咲かせることができます。

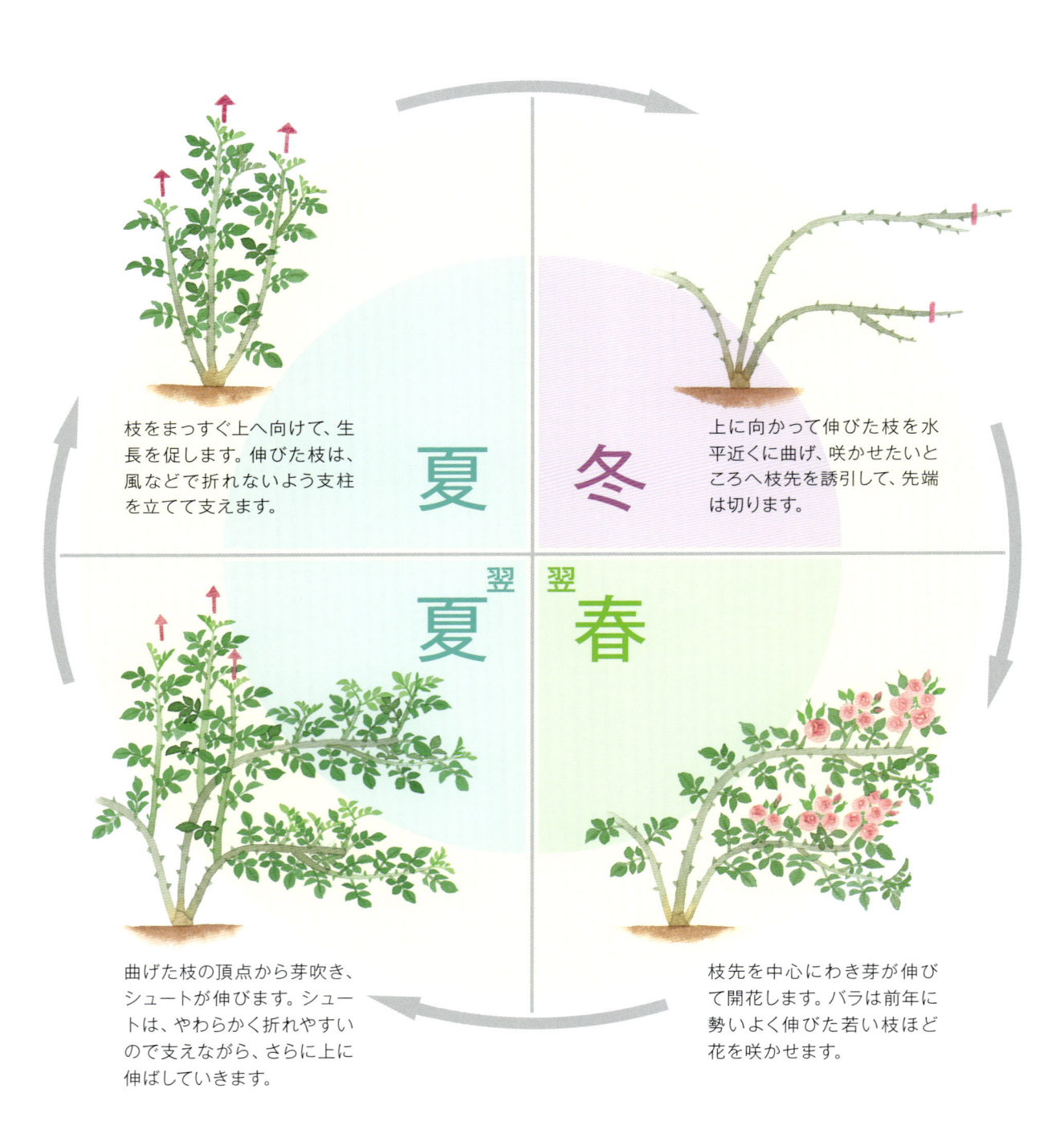

夏

枝をまっすぐ上へ向けて、生長を促します。伸びた枝は、風などで折れないよう支柱を立てて支えます。

冬

上に向かって伸びた枝を水平近くに曲げ、咲かせたいところへ枝先を誘引して、先端は切ります。

翌春

枝先を中心にわき芽が伸びて開花します。バラは前年に勢いよく伸びた若い枝ほど花を咲かせます。

翌夏

曲げた枝の頂点から芽吹き、シュートが伸びます。シュートは、やわらかく折れやすいので支えながら、さらに上に伸ばしていきます。

バラの栽培管理

肥料の施し方

　肥料は、冬の休眠期に与える「元肥」と、生長期に与える「追肥」に大きく分けられます。バラは「肥料食い」とよくいわれますが、四季咲きと一季咲きとでは、肥料の施し方が異なってきます。四季咲きの場合は、繰り返し花を咲かせるので、花後ごとに肥料を施し、次の開花のための栄養を補います。一季咲きは、樹勢が強いものが多く、あまり肥料を必要としません。返り咲きタイプのバラは、しっかり2番花を咲かせたいときに与えます。

　肥料を与えすぎると、枝が奔放に伸びたり、株が軟弱になって病気にかかりやすくなったり、花弁が増えすぎて開かなかったりする原因になります。きれいに花を咲かせるために、肥料は欠かせないものですが、やりすぎは禁物です（P125参照）。

病害虫の防除

　病害虫を一度発生させてしまうと、完治させるのがたいへんです。発生する時期は決まっているので、シーズンには防除策をとっておくことで、被害や治療にかかる労力を小さくすることができます。害虫が活動しはじめる春先から予防効果のある薬剤の散布を行い、病気の症状がみられたら、すぐに適用する治療薬を散布しましょう。

おもな病気

うどんこ病

症状
若い葉や茎、つぼみや花首が、うどん粉をふりかけたように白いカビに覆われる。葉が縮れてしまい、落葉はしないが生育が衰える。

発病期
4～6月、9～11月のやや乾いたとき。30℃以上の高温に弱いので、夏は発生しない。

対処法
感染した葉や枝先、つぼみを摘み取る。適用する薬剤を株とそのまわりの株にも散布する。

黒点病（黒星病）

症状
葉の表面に褐色の小さな斑点ができ、広がると黄変して落葉する。光合成が十分にできず株が衰弱して、ひどいときは枯死することもある。

発病期
5月から梅雨のころ、9～10月の雨が多いとき。

対処法
雨水によって感染するので、降雨前に防除する。鉢植えは雨の日は軒下に移動する。

おもな害虫

アブラムシ

症状
体長1mmほどのゴマ粒大の虫が、新梢の先、若葉、つぼみの花首に群がる。バラの樹液を吸って害を及ぼす。排泄物で、すす病を誘発することもある。

発生期
通年発生するが、早春から夏、秋に多い。

対処法
見つけしだい、捕殺する。

ヨトウムシ

症状
ガの幼虫。小さいうちは葉裏に群れて、葉脈だけを残して食べ尽くす。大きくなるとイモムシになって、夜間に葉や花を食い荒らす。

発生期
幼虫は4月末～5月上旬、成虫は開花期（秋からの害が大きい）。

対処法
ふ化直後の葉裏に群れているときに捕殺するのが効果的。

チュウレンジハバチ

症状
幼虫は頭の黒いアオムシで、若葉に群がってつき、葉脈を残して食べ尽くす。成虫は体長1.2cmぐらいのハチ。

発生期
成虫は5～10月にかけて3回くらい発生し、新梢にスジを入れながら産卵する。

対処法
卵は指先でつぶし、幼虫のうちに見つけて葉ごと切り取って捕殺する。

植物図鑑

つる性（クライミング）

ピエール・ドゥ・ロンサール
Rosa Meiviolin'Pierre de Ronsard'
バラ科バラ属　落葉低木

咲き方：一季咲き　　花径：12cm
枝の長さ：3m　　香り：微香
特長：中心が淡いピンク色で、外に向かうにつれ白っぽくなる大輪のカップ咲き。太い幹の途中から伸びてくるサイドシュートもよく伸びてくる。枝は太いが、水平近くに曲げるとよく花が咲く。

ロココ
Rosa'Rokoko'
バラ科バラ属　落葉低木

咲き方：返り咲き　　花径：12cm
枝の長さ：3m　　香り：微香
特長：アプリコット色の大輪で、花びらがきれいに波打つ。花もちがよく、病気に強い。伸びがいいので壁面に。淡い色合いで庭にもとり入れやすい。

デプレア・フルール・ジョーヌ
Rosa'Francois Juranville'
バラ科バラ属　落葉低木

咲き方：返り咲き　　花径：8cm
枝の長さ：4m　　香り：中香
特長：クリームとピンクを合わせたような繊細な色合いと、ロゼットの花形が美しい。ほどよい花のボリューム感で、草花とも調和しやすい。

木立性（ブッシュ）

グルス・アン・アーヘン
Rosa'Gruss an aachen'
バラ科バラ属　落葉低木

咲き方：四季咲き　　花径：8cm
樹高×葉張り：80×80cm　香り：中香
特長：アプリコットがかった淡い桃色。甘い香りを放ち、季節によって色が変化。春は白っぽく、秋にはピンク色がかる。コンパクトで鉢植えにも向く。

シャンテ・ロゼ・ミサト
Rosa'Chant Rose Misato'
バラ科バラ属　落葉低木

咲き方：四季咲き　　花径：8〜10cm
樹高×葉張り：1.5×1m　香り：強香
特長：病気に強い。直立性のすっきりした樹形。深緑の葉に大輪の紫がかったピンクの花が映える。咲きすすむと淡いピンクへと変化。コンテナにも向く。

アイスバーグ
Rosa'Iceberg'
バラ科バラ属　落葉低木

咲き方：四季咲き　　花径：8cm
樹高×葉張り：1.4×1m　香り：微香
特長：純白の半八重の花を咲かせる。浅いカップから咲きすすむと平咲きに変化する。房咲きとなり、花つきよく、繰り返し開花する。耐病性が強く、育てやすい。

庭のポイントとなる バラ

半つる性（シュラブ）

ジャクリーヌ・デュ・プレ
Rosa 'Jacqueline du pre'
バラ科バラ属　落葉低木

咲き方：四季咲き　　　花径：7cm
樹高×葉張り：1.5×1.2m　香り：中香
特長：半横張り性の樹形。枝を伸ばせば、つるバラとして壁面やフェンスにも。強い剪定にも耐えるので、強剪定をして木立としても楽しめる。白にピンクのしべが愛らしい。

ジュード・ジ・オブスキュア
Rosa 'Jude the Obscure'
バラ科バラ属　落葉低木

咲き方：四季咲き　　　花径：11cm
樹高×葉張り：1.5×1.3m　香り：強香
特長：深いカップ咲きのオレンジがかったアプリコット色が美しい。甘いフルーティーな強い香りがある。花もちがよく強健で、繰り返し開花する。

ニュー・イマジン
Rosa 'New Imagine'
バラ科バラ属　落葉低木

咲き方：繰り返し咲き　　花径：6cm
樹高×葉張り：1.5×1.2m　香り：中香
特長：濃い赤に白の絞り模様が個性的だが、丸弁でやさしい印象がする。大きすぎない花を房咲きでたくさんつける。ショートクライマー（小型のつるバラ）として壁面やフェンスに誘引する。

ペネロープ
Rosa 'Penelope'
バラ科バラ属　落葉低木

咲き方：返り咲き　　　花径：6cm
樹高×葉張り：1.5×1.3m　香り：中香
特長：アプリコットがかった淡い桃色。遠くからは白っぽく見える。半八重の花を房咲きに咲かせる。横張り性で、株元の枝は太く、細い枝が分枝して伸びる。広い場所を選べばしっかり花が楽しめる。

ペッシュボンボン
Rosa 'Peche Bonbons'
バラ科バラ属　落葉低木

咲き方：四季咲き　　　花径：10cm
樹高×葉張り：1.8×1.2m　香り：強香
特長：切れ込みのある花弁に淡い黄色とピンクの入り交じるストライプ模様。香りよく、アーチやオベリスク、トレリス、低いフェンスなどにも仕立てやすい。名前は「桃のお菓子」という意味。

植物図鑑

セリンセ・マヨール
Cerinthe major

ムラサキ科セリンセ属　耐寒性一年草

花期：4〜5月　　　草丈：30〜50cm
日照：ひなた　　　水分：適湿〜乾燥ぎみ
特長：青みがかったシルバーの葉が、個性的な花をさらに引き立てる。アーチを描くように伸びる草姿も美しい。地植えするとボリュームよく茂り、こぼれ種でよくふえる。

リシマキア・アトロプルプレア 'ボジョレー'
Lysimachia atropurpurea 'Beaujolais'

サクラソウ科オカトラノオ属（リシマキア属）　耐寒性宿根草

花期：5〜7月　　　草丈：40〜60cm
日照：ひなた〜半日陰　水分：適湿〜やや湿潤
特長：黒みがかったワインレッドの穂状の花が個性的。シルバーグレーの葉とのコントラストも美しい。アクセントカラーとして、やわらかな色合いが多い初夏の庭を引き締める。

リナリア・プルプレア
Linaria purpurea

ゴマノハグサ科リナリア属　耐寒性宿根草

花期：5〜6月　　　草丈：70〜100cm
日照：ひなた　　　水分：適湿
特長：すらりと伸びた花茎をたくさん立ち上げる。淡い花色の小花がバラとバランスよく調和。ほかの草花とも合わせやすい。ボリューム感があるので、ほかの草花のまとめ役に。

ニゲラ
Nigella damascena

キンポウゲ科クロタネソウ属（ニゲラ属）　耐寒性一年草

花期：5〜6月　　　草丈：40〜80cm
日照：ひなた　　　水分：乾燥ぎみ
特長：糸状の葉に個性的な花を咲かせる。細かな葉がやさしい雰囲気に。ボリュームよく広がる。過湿が苦手なので水のやりすぎに気をつける。果実も形は独特で、ドライフラワーとして楽しめる。

バラに合わせて咲かせる 草花

セントランサス'コッキネウス'
Centranthus ruber 'Coccineus'

オミナエシ科セントランサス属　耐寒性宿根草

花期：4～6月　　草丈：70～90cm
日照：ひなた　　水分：適湿
特長：濃いピンクの小花が集まった房状の花は見ごたえがあり、花上がりがよく華やかに。厚みのあるしっかりした葉に花が映える。乾燥に強い。肥料を与えすぎると株が乱れるので控えめにする。

デルフィニウム・オーロラ
Delphinium Aurora Series

キンポウゲ科オオヒエンソウ属（デルフィニウム属）　耐寒性宿根草

花期：4～5月　　草丈：80～150cm
日照：ひなた　　水分：適湿
特長：大輪の八重咲きの花を長い花穂状に咲かせボリューム感がある。初夏の庭に欠かせない。秋植えして株を充実させ、春を迎えると開花がみごとになる。暖地では一年草扱い。

オルレア・グランディフローラ'ホワイトレース'
Orlaya grandiflora 'White Lace'

セリ科オルレア属　耐寒性宿根草

花期：4～6月　　草丈：30～80cm
日照：ひなた　　水分：適湿
特長：白いレースのような繊細な花。ナチュラルな雰囲気で、大きくなりすぎず、庭で扱いやすいサイズ。ボリュームよく広がり、細かな葉も美しい。暖地では一年草扱いで、こぼれ種でよくふえる。

カンパニュラ・パーシシフォリア（モモバキキョウ）
Campanula persicifolia

キキョウ科カンパニュラ属　耐寒性宿根草

花期：4～6月　　草丈：40～150cm
日照：ひなた　　水分：適湿
特長：細く長く伸びた花茎にベル形の花を連ねて咲かせる。花穂はボリューム感があるが、茎葉が細くすっきりした印象。狭い場所でも植えやすい。暖地では一年草扱い。

Column ❷

カラフルな野菜で「ポタジェ」を楽しむ

　ポタジェとは、フランス語で「家庭菜園」のこと。果樹、野菜、ハーブ、草花などを彩りよく植えた、収穫と観賞の目的を兼ねた庭づくりです。ポタジェを庭に設けたり、テラスやベランダではコンテナ栽培にしたりするなど、楽しみ方はさまざま。ここでは、草花との寄せ植えにも向き、コンテナで比較的育てやすい、カラフルで美しい草姿の野菜を紹介。収穫も手軽にできます。

寄せ植えやコンテナで育てやすい野菜

スイスチャード
アカザ科フダンソウ属／耐寒性一年草／草丈：30〜40cm／花期：1〜12月／酸性土質を嫌う／色鮮やかな赤・白・黄・桃・黄緑・紫・オレンジなどの葉軸と、シャキシャキとした食感が人気の野菜です。美しいカラーリーフとして寄せ植えにも使われます。寒冷地では夏から秋の期間に育てます。

ミニトマト
ナス科トマト属／非耐寒性一年草／草丈：100〜150cm／花期：5〜9月／コンテナでも次々に実がなり、一度に10個以上実をつけることも珍しくありません。比較的高温、乾燥を好みます。連作に弱いので、同じナス科の作物を作った土は使いません。倒れないように支柱を立てましょう。

四季なりイチゴ
バラ科イチゴ属／非耐寒性一年草／草丈：100〜150cm／花期：6〜10月／暑さ、寒さともに強く、土質も選ばない丈夫な品種。ピンク花もあり、春と秋に開花・結実します。高さのあるコンテナに植えれば、果実を傷めずに枝垂れる姿が楽します。

サニーレタス
キク科アキノノゲシ属／耐寒性一年草／草丈：30〜40cm／花期：1〜12月／酸性土質を嫌う／レタスの生育適温は15〜20℃と冷涼な気候を好むので、春と秋によく育ちます。定植後1か月ほどで収穫できます。生長するにしたがって葉の赤色が鮮やかになり、こんもりと茂るので、花壇の縁取りに使うと効果的。

チコリー
キク科キクニガナ属／耐寒性宿根草／草丈40〜100cm／観賞期：6〜8月／酸性土質を嫌う／フランスでは「アンディーブ」と呼ばれ、花や葉はサラダなどにします。ハクサイの芯に似た乳白色の葉は、さくさくした歯ざわりにかすかな甘みとほろ苦さが特長です。こぼれ種でふえます。

第3章

特長を生かして庭を鮮やかに彩る
草花の使い方

PART 1

毎年花が咲く草花類の主役
自然な風合いの宿根草

　宿根草は、花が咲き種を結ぶと株が枯れて新しい株に毎年更新される「一・二年草」に対し、長年にわたって、毎年決まったサイクルで生育を繰り返す植物です。冬になると地上部が枯れて根株が休眠するものと、常緑のものがあります。

　宿根草の魅力は何年にもわたり株が生長し、毎年花を咲かせてくれることです。個性的な花は株が充実するほど見ごたえが増し、一年草にはない魅力と存在感があります。その種類はバラエティーに富み、多様な性質をもっているので、原産地を知り、その性質に合った環境に植えつけることがポイントです。何年も同じ場所で育てることにもなるので、まわりにどんな草花を合わせ、一年を通してどう見せるのか、植栽計画も立てておきましょう。

秋の庭を明るく彩る宿根草

数ある宿根草のなかから、
庭をカラフルに演出するおすすめの宿根草を取り上げて、
組み合わせ方のポイントを解説します。

ブルー
Blue

花色の美しさが増す秋咲き
宿根サルビア（秋咲き種）

　秋は、花色がひときわ美しく発色する季節です。サルビア・ミスティックスパイヤーズは、宿根サルビアのなかでも草丈60cmほどとコンパクトで、小さなスペースにも向きます。後方にはアカンサス・モリスのような、背景となる大きな葉をもつものや、コリウスのような葉の彩りのあるものを合わせると、サルビアの小花が際立ちます。

これもオススメ

コバルトセージ
まっすぐに立ち上がった細い花茎に、コバルトブルーの小さな花が印象的。2年目以降は旺盛に伸長し、大株になる

すっきりとした細葉が花を引き立てるダイアンサス

ピンク系の鮮やかな花色が多いダイアンサスには、同色の濃淡の草花を合わせると、すっきりとまとまります。深い切れ込みの花形が美しいダイアンサス'スープラ'は、草丈20〜30cmのこんもりとした株に、たくさんの花を咲かせます。淡いピンクのセンニチコウで濃淡をつけ、さらにカラーリーフのヒューケラを入れて落ち着いた印象に。

マゼンタ
Magenta

これもオススメ

ダイアンサス'ノベルナクラウン'
小さな花が集まって、直径10cmもの大きな花房になる。後方にサルビアなど縦のラインの出る草花を合わせると花姿が生きる

イエロー
Yellow

イエロー系の花色が咲き続け、長く庭を彩るビデンス

ウィンターコスモスの別名のとおり、晩秋まで花を咲かせ続けます。同系色のオレンジの小花のアガスターシェを合わせて、ビデンスをさらに華やかに。草丈の異なるラベンダー色の香りアザミを後方に入れて、さらに立体的に。小さなスペースに小花を集めると、ナチュラルでやさしい印象になります。

これもオススメ

ビデンス'ハッピーイエロー'
草丈15〜20cmで、横に這うように広がるタイプ。こんもりと茂った株一面に大輪の花を咲かせる。霜にあてなければ秋から翌春まで長く花を楽しめる

PART 2 植えつける前に知っておきたい！宿根草の栽培ポイント

年月をかけてこそ、本来の魅力が増す宿根草。個性ある花姿を生かすためには、環境に合った場所に植えて株を元気に育て、シーズンを通して楽しめるようにほかの草花と組み合わせて、美しく見えるシーンに植えることがたいせつです。

失敗しないための宿根草の選び方

宿根草は何年も植えたままにできるイメージがありますが、品種によってその性質や管理方法はさまざまです。草姿も多岐にわたるので、植えつけ後のイメージをしっかりもって場所を決めること、開花期以外のシーズンをどう見せるかなど、長期にわたってのプランニングがたいせつになります。

1 環境に合った種類を選ぶ

宿根草は適地に植えつければ、何年にもわたってその草姿・花を楽しむことができます。まずは、住んでいる地域や植えつける場所で植えたい種類が育つかどうかの見極めがたいせつ。宿根草は、その原産地を知ることで、ある程度の性質をつかむことができます。

2 植えつけ適期を把握する

宿根草は、年に2回、春と秋に植えつけの適期があります。春から初夏にかけて開花するものは秋、夏から秋に開花するものは春の植えつけがおすすめです。株が充実した状態で冬の寒さにあたらないと開花しないものもあるので、初夏咲きのタイプは秋に植えつけて株を育てていきましょう。

3 ゆとりをもって植えつける

宿根草はポット苗からの植えつけが主になり、多くが葉だけの状態なので、生長したときの姿はイメージしにくいものです。苗ではあまり違いが見えなくても、2年目以降は草姿に大きな違いが生じます。草丈や株張りを確認し、定植できる位置に、株間にゆとりをもって植えつけましょう。植えすぎは厳禁です。

チェックポイント

- ☐ 日照条件（ひなた、半日陰、日陰）
- ☐ 耐寒性・耐暑性はあるか、ないか
- ☐ 開花期はいつか
- ☐ 草丈はどこまでか
- ☐ 常緑性か、落葉性か

大きくなる姿をイメージして、ポット苗はゆとりをもって植えつける。植えすぎは失敗のもと

摘心と切り戻しのコツ

　芽先を摘み取ることを「摘心」、伸びた茎や枝を切り詰めることを「切り戻し」といいます。摘心や切り戻しを行わなくても花は咲きますが、行うことで枝数が増し、より美しい草姿で花を楽しむことができます。いずれも適期を逃さずに行いましょう。

枝数を増やす摘心

3〜4月、春に新芽が伸び出して草丈10〜15cmになったころに摘心を行います。茎や枝の先端のやわらかい部分を指で摘み取ることで、わき芽が増えて枝数が増え、ボリューム感のある株に仕立てることができ、たくさんの花を楽しむことができます。草丈の高くなる草花をコンパクトにする効果もあります。株元からしっかり枝分かれした美しい姿にするためには、若い苗の生育初期のうちに行います。

摘心する位置は株元に近いほど、低い位置でボリュームよく分枝する。
〈例〉セントーレア、ヘレニウムなど

草丈を抑える切り戻し

切り戻しは、伸びすぎた茎を切り詰めて仕立て直すのが目的です。行うのは初夏ごろの株の生育期間中で、伸びた高さの1/2〜1/4になるように切ります。秋に咲くサルビア類などの高性の宿根草は、初夏ごろに地際から15cmほどのところで刈り込むと、秋にほどよい草丈で開花します。

地際から15cmほどのところでいっせいに切る。
〈例〉クジャクアスター、秋咲きのサルビア類など

花姿を整え、秋にきれいに咲かせる切り戻し

夏の高温多湿のころは、多くの草花が弱ったりしがちです。ペチュニアなど、初夏から秋まで開花期の長い草花は、切り戻すことで草丈が小さくなって夏越ししやすくなり、ガウラのような生育旺盛な宿根草は整った美しい姿で秋の開花を楽しむことができます。このとき、緑色をした元気な葉を残して切ると、株が弱ることなくその後の新芽の伸びもよくなります。秋の開花に間に合わせるため、強い切り戻しは8月上旬ごろまでに終えるようにしましょう。

全体の花が咲き終わったら全体の1/2〜1/3を刈り込む。
〈例〉ガウラ、ペチュニアなど

株の更新、ふやし方

　宿根草は何年も植えっぱなしにしておくと、自然に生育が衰えたり、花つきが悪くなったりします。そこで、株を掘り上げて「株分け」を行います。株分けとは、株をいくつかに分割することです。老化した株の古い部分を切り取り、根や地下茎を親株から分けて植え替えすることで株が更新され、植物の数も増やすことができます。

　株分けが必要なタイミングは、植物によって異なります。株元から出る新芽の太り具合などを観察して、そのタイミングを見計らいましょう。たとえば、キクのように地下茎を伸ばして繁殖する種類は植えつけてから2年くらい、クリスマスローズのようにゆっくりと大きくなる種類は5年くらいが目安です。

　注意したいのは、あまり細かく分けないこと。株が充実するまでに時間がかかり、翌年は開花しないこともあります。種類によっても異なりますが、3～4芽ずつに分けるのがよいでしょう。

株のふえ方で株分けは異なる

宿根草は、株のふえ方によって、株分けの方法が異なります。
ここでは、代表的なふえ方の3タイプとその株分けの方法を紹介します。

A 株のまわりに新芽ができ、株立ち状になるタイプ
→ **株や芽を分ける**

刃物やショベルで株に切れ目を入れて株を割る。手で簡単に分けられるものもある。
〈例〉アカンサス、アスチルベ、ギボウシ、クリスマスローズ、宿根アスター、ヘリアンサス、ヘメロカリス類など

株立ちタイプ（ギボウシ）

B ほふく茎を出してふえる ほふく茎が伸びるタイプ
→ **ほふく茎を切り離す**

横に這った枝の節々から子株と根が発生するので、数芽ずつに切り分ける。
〈例〉アジュガ、グレコマ、シバザクラ、ポリゴナム、ラミウム、リシマキア・ヌンムラリアなど

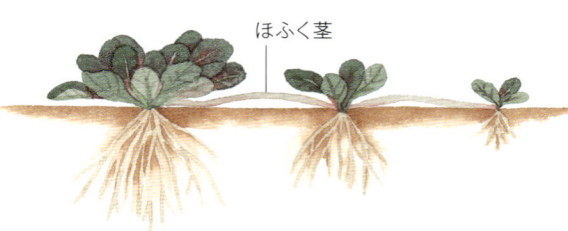

ほふく茎
ほふく茎タイプ（アジュガ）

C 地下茎が横に伸びて子株をふやす 地下茎が伸びるタイプ
→ **地下茎を分割する**

2～3芽ずつに切り分ける。
〈例〉シュウメイギク、ホタルブクロ、アエゴポディウム、ミント、ユーパトリウム（フジバカマ類）など

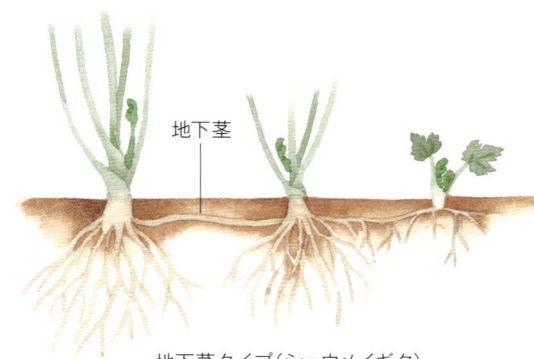

地下茎
地下茎タイプ（シュウメイギク）

実践 クリスマスローズを株分けする

宿根草のなかでも種類が比較的多い「株立ち状になるタイプ」の株分けを紹介します。
株立ち状になる種類は、多くの芽が堅い塊状になるため、
手で簡単に分けることはできません。はさみやナイフ、スコップを使って分けます。
株分けが終わったら、株が乾かないようにすぐに植えつけましょう。

生育旺盛になって満開のクリスマスローズ

クリスマスローズの株分け
適期：10月

冬から早春の庭を彩る貴重な花として人気のクリスマスローズ。芽数が増えるのに時間がかかるので、少なくとも3～4芽をつけて、なるべく大きく分けるのがポイント。

株分けの手順

①スコップなどで、株を掘り上げる

②根株の土をよく落とす。新芽を確認する

③はさみを使って、株を半分に切る

④2株に株分けしたもの。大株の場合は、さらに半分に切って4株に分ける

植物図鑑

小型

エリゲロン・カルビンスキアヌス
Erigeron karvinskianus

キク科エリゲロン属　耐寒性宿根草

花期：4〜11月　　草丈：20〜40cm
日照：ひなた　　　水分：適湿〜乾燥ぎみ
特長：ふわっとドーム形に広がる株と、一面に咲く可憐な小花、細かな葉のバランスがとれ、庭に加えるとナチュラルな雰囲気に。花は咲きすすむと白〜ピンクに変化。繰り返し長く開花する。こまめにピンチ（切り戻し）すると草姿が整う。

ゲラニウム'ジョンソンズブルー'
Geranium 'Johnson's Blue'

フウロソウ科フウロソウ属　耐寒性宿根草

花期：5月　　　　草丈：30〜60cm
日照：ひなた　　　水分：適湿
特長：透明感のある大輪のブルーの美しい花は、個性的だが主張しすぎない。細かな切れ込みのある葉も美しく、こんもりとドーム状に茂る。高温多湿が苦手なので、水はけのよい場所に植えつける。

ラムズイヤー
Stachys byzantinea

シソ科イヌゴマ属（スタキス属）　耐寒性宿根草

花期：5〜6月　　　草丈：20〜40cm
日照：ひなた　　　水分：適湿〜やや乾燥
特長：白い毛が茎や葉に密に生え、もこもことしたやわらかな質感が魅力。地面を覆うように広がるので、グラウンドカバーにおすすめ。初夏に咲くラベンダー色の花も美しい。高温多湿が苦手なので、蒸れないようこまめに下葉の掃除を。

フロックス・ディバリガータ 'モンテローザトリカラー'
Phlox divaricata 'Montrose Tricolor'

ハナシノブ科フロックス属　耐寒性宿根草

花期：4〜6月　　　草丈：10〜25cm
日照：ひなた〜半日陰　水分：適湿
特長：斑入り葉は美しく、花期以外にもカラーリーフとして楽しめる。気温が下がると斑はピンクを帯びる。横に広がる這い性のフロックス。淡いブルーの花とのコンビネーションも美しい。

季節を彩る 宿根草 ①

中型

セイヨウオダマキ'バロー'
Aquilegia vulgaris 'Barlow'
キンポウゲ科オダマキ属　耐寒性宿根草

花期：5〜6月　　草丈：30〜70cm
日照：ひなた〜半日陰　水分：適湿
特長：細かな花弁の花形は魅力的。花どきには、花茎を長く伸ばして花を咲かせ、花が宙を舞っているような花姿になる。花壇手前に植えると、美しい草姿がしっかり楽しめる。

ペンステモン'ハスカーズレッド'
Penstemon digitalis 'Huskers Red'
オオバコ科イワブクロ属（ペンステモン属）　耐寒性宿根草

花期：5〜6月　　草丈：60〜100cm
日照：ひなた　　水分：適湿
特長：黒みを帯びた葉が美しく、花の咲く前からカラーリーフとして楽しめる。初夏に咲く淡いピンクの花とのコンビネーションも美しい。丈夫で暖地でも夏越ししやすい。

リクニス・フロスククリ
Lychnis flos-cuculi
ナデシコ科センノウ属　耐寒性宿根草

花期：5〜7月　　草丈：30〜90cm
日照：ひなた〜半日陰　水分：適湿〜乾燥ぎみ
特長：明るいピンクの花に深い切れ込みが入る。花つきがよく、たくさん花茎が上がり、草姿も整って美しい。暑さ寒さに強く強健で、こぼれ種でもふえる。

エリシマム'コッツウォルドゼム'
Erysimum 'Cotswold Gem'
アブラナ科エリシマム属　耐寒性宿根草

花期：3〜7月　　草丈：25〜80cm
日照：ひなた　　水分：適湿
特長：花は、咲きはじめのオレンジ色がかったピンクからラベンダー色に変化。クリーム色の斑が美しい常緑の葉は、花のない時期もカラーリーフとして楽しめる。

植物図鑑

中型

エキナセア'ココナッツライム'
Echinacea purpurea 'Coconut Lime'

キク科ムラサキバレンギク属（エキナセア属）耐寒性宿根草

花期：5～10月　　草丈：50～70cm
日照：ひなた　　水分：適湿
特長：八重咲きのエキナセア。コンパクトで草姿がよく、花つきがいい。大輪の花が、花の少なくなる夏の主役花になる。性質が強く、一度植えると数年は植えたままで育てられる。

スカビオサ'パーフェクタアルバ'
Scabiosa caucasica 'Perfecta alba'

マツムシソウ科マツムシソウ属（スカビオサ属）耐寒性宿根草

花期：6～11月　　草丈：50～60cm
日照：ひなた　　水分：適湿
特長：花茎を立ち上げて、純白の小花が集まった大輪花を咲かせる姿がユニーク。初夏から繰り返し咲き、初夏以降の庭への橋渡し役となる。過湿に気をつける。

バーバスカム'ロゼア'
Verbascum phoeniceum 'Rosseta'

ゴマノハグサ科モウズイカ属（バーバスカム属）耐寒性宿根草

花期：5～6月　　草丈：50～70cm
日照：日なた～半日陰　　水分：適湿
特長：コンパクトタイプのバーバスカムで、スリムな草姿で狭い場所でも植えやすい。冬に平たい葉を地面に広げ、春は株元から長い花穂を立ち上げる。やさしい花色で、ほかの草花と合わせやすい。

ガウラ'リリポップピンク'
Gaura lindheimeri 'Lilipop pink'

アカバナ科ヤマモモソウ属（ガウラ属）　耐寒性宿根草

花期：6～11月　　草丈：20～40cm
日照：ひなた　　水分：適湿
特長：ガウラの矮性種。暑さに強く強健で、初夏から秋まで繰り返し開花する。咲き終わったらそのつど切り戻すと、草姿も整う。コンパクトなので花壇手前に植えると、美しい草姿ごと楽しめる。

季節を彩る 宿根草 ②

大型

ジギタリス・プルプレア・パープル
Digitalis purpurea Purple

オオバコ科キツネノテブクロ属（ジギタリス属）耐寒性宿根草

花期：5～6月　　**草丈**：60～100cm
日照：ひなた～半日陰　**水分**：適湿
特長：「キツネの手袋」と呼ばれる長い花穂は存在感があり、初夏の主役に。数株まとめて植えると、花姿が強調されていっそう美しい。明るい半日陰でも楽しめ、シェードガーデンでも活躍する。

アガパンサス
Agapanthus africanus

ムラサキクンシラン科ムラサキクンシラン属（アガパンサス属）　耐寒性～半耐寒性宿根草

花期：6～7月　　**草丈**：50～100cm
日照：ひなた～半日陰　**水分**：適湿
特長：日当たり～半日陰まで広い環境で楽しめる。寒さに少し弱く、冬は半落葉する。暖地では庭植えで冬越しでき、毎年淡い水色の美しい花を楽しめる。

サルビア・アズレア
Salvia azurea

シソ科アキギリ属（サルビア属）　耐寒性宿根草

花期：6～11月　　**草丈**：80～150cm
日照：ひなた　**水分**：適湿
特長：スカイブルーの小花をたくさん咲かせる秋咲きのサルビア。草丈が出るので、夏までに何回か切り戻すとコンパクトになる。冬は落葉して地上部がなくなる。

アルセア・ロゼアニグラ
Alcea Rosea var.nigra

アオイ科タチアオイ属　耐寒性宿根草

花期：6～8月　　**草丈**：80～120cm
日照：ひなた　**水分**：適湿
特長：夏に存在感のある花穂を立ち上げる。暑さに強く、夏の主役花になる。花壇の後方に配して、庭のポイントに。シックな黒花は落ちついたおしゃれな雰囲気になる。

PART 3

庭をさらに表情豊かにする
華やかな球根植物

　庭に季節感と華やかさをプラスしたり、イメージチェンジするのに、手軽で高い効果を発揮するのが球根植物です。球根そのものに生育に必要な養分を蓄えているので、芽出しやその後の管理で失敗することが少ないのがその理由です。

　春の庭を華やかに彩る、秋植え球根の魅力を引き出すには、開花までのあいだをつなぎ、花を引き立ててくれる草花と組み合わせること。チューリップのような基本的に毎年植え替える種類は一年草と、スイセンなど植えっぱなしにできる種類は宿根草と組み合わせます。また、テーマカラーを決めて組み合わせると、球根植物をより効果的に演出できます。

テーマカラーが紫の花壇。八重咲きのストック・ビンテージ'バーガンディ'に、白地に紫絞りのチューリップ'フレーミングフラッグ'が浮き立って見える。気品あふれる色合いを、銀葉のシロタエギクで明るい印象に

テクニック ①
ボリュームを出すなら まとめて植える

　球根はまとめて植えると、花の色や形がはっきりして、より個性が出ます。チューリップのような翌年の花がかなり小さくなってしまうものは、1年のみ楽しむものと割りきって、球根の間隔をあけず詰めて、まとめて植えると見ごたえがあります。1か所に10～20球ほどを植えます。大輪咲きのものは、かなりのボリューム感が出て、豪華な印象になります。

これもオススメ

チューリップ'ニューデザイン'
春らしいピンクの花色に白い縁取りの葉のすっきりとしたバランスのとれた品種

秋から花を咲かせていたパンジーやビオラがメインの花壇に、チューリップ'サンネ'が群生して開花すると、一気に華やかな空間に変化する

テクニック ③
自然な雰囲気を楽しむなら球根を転がして植える

　庭を野原のようなナチュラルな雰囲気にしたいなら、球根の配置をきちんと決めず、ランダムに転がして植えてみましょう。球根は思いきってたっぷり植え込むと、一面に咲きこぼれたような雰囲気になります。草花と合わせてヒアシンスやスイセンのような大きな球根を植える場合は、草花より先に球根を植えると作業がしやすいです。開花期の異なる球根や草花を合わせると、次々と花が咲き変わって長い期間楽しめます。

これがオススメ

ヒアシンス'アナスタシア'
1球から4〜5本の枝咲きになる珍しい品種。香り高く、ナチュラルな雰囲気が楽しめるヒアシンス

2月中旬

2月中旬、早咲きスイセン'ガリル'がいち早く開花して、花の少ない早春の庭を華やかに彩る。白一色の花は気品が漂い、さわやかな芳香も魅力。ムスカリの葉も伸びはじめている

4月上旬

4月上旬になるとボリュームのあるヒアシンスとムスカリが一面に広がって、青いじゅうたんのような幻想的な景色に。このあと、5月ごろにカンパニュラが開花する

実践 球根を転がして植える

左ページの植栽を実践します。秋植え球根は、10月中旬〜11月が植えつけ適期です。庭植えは、基本的に水やりや追肥の必要はありません。ただし、雨が降らない日が続いて乾燥した場合には、水を与えましょう。

1. 土づくり

庭1㎡当たり	
牛ふん堆肥	10ℓ
腐葉土	10ℓ
苦土石灰	200g
ケイ酸塩白土	200g
緩効性肥料（元肥）	適量

● 植えた球根
- スイセン'ガリル' …………… 40球
- ヒアシンス'アナスタシア' …20球
- ムスカリ'アーティスト' ……40球

● 植栽する草花
- カンパニュラ・ポシャルスキアナ

1 荒起こし
スコップで庭土を耕し、かたまりをよくほぐす

2 堆肥を入れる
牛ふん堆肥と腐葉土をまく

3 石灰、元肥を加える
苦土石灰とケイ酸塩白土、緩効性肥料を加え、スコップでよく混ぜる

2. 植えつけ

1 整地
球根や草花が同じ深さに植わるように、土の表面を平らにならす

2 球根をばらまく
大きな球根（ヒアシンスとスイセン）を数球ずつ転がしてばらまく。広い場所ではバケツに入れて混ぜて、ばらまいてもよい

3 球根を植え込む
ばらまいたものを1球ずつ、移植ゴテで植える。転がした位置はそのままに、球根は芽の出る位置を上向きにして、球根3個分の深さに植える

4 草花を配置する
球根を植え終えたら、カンパニュラをポット苗のまま等間隔にレイアウトし、配置を決めて植えつける

5 小球根を追加する
最後に、ムスカリを植える。こちらもランダムに転がして配置する

6 小球根を植えつける
ムスカリのような小球根は、先に植えた球根を傷つけないように、5cmほどの深さに手で植え込む

PART 4

植えっぱなしで手間いらず
愛らしい小球根

　スノードロップやムスカリ、クロッカスなどの秋植え球根は、いち早く春を感じとり、ほかの草花に先駆けて花を咲かせます。ユリやチューリップのような花の大きな球根に比べると、球根のサイズや花が小さく、草丈が低いので、「小球根」と呼ばれています。

　小球根のなかでも耐寒性のあるタイプを選べば、一度植えつければ、何年も植えたままで、毎年花を咲かせてくれます。大きな球根の花にはない可憐な花姿や、小さいながらも個性豊かな面もちの花が、大きな魅力です。

テクニック ①
相性ぴったり！クリスマスローズに添える

　宿根草のクリスマスローズは、落葉樹の下などの、秋から冬は日当たりがよく、真夏は半日陰になるような場所が適しています。

　多くの小球根は、生育期間中は日当たりを好みます。開花期が重なり、草丈のバランスもよく、互いの花を引き立て合います。

小球根のなかでも春一番に開花するのが、"雪のしずく"を思わせるスノードロップ。白花クリスマスローズと植栽すると、可憐な純白の美しさが映える

スノードロップ × クリスマスローズ

チオノドクサ × クリスマスローズ

チオノドクサは、雪解けの高山に自生している小球根。うつむき加減に咲くクリスマスローズの株元に、チオノドクサが華やかさを添えて。ピンク系の花色でふんわりとやさしい印象に

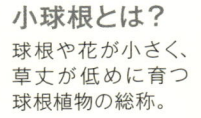

小球根とは？
球根や花が小さく、草丈が低めに育つ球根植物の総称。

原種スイセン
'バルボコジューム'
×
クリスマス
ローズ

色鮮やかな黄花でユニークな花形が魅力の原種スイセン'バルボコジューム'に、濃い紫花のクリスマスローズと宿根ビオラを合わせた個性的な植栽。シックにしつつ、華やかなブルーのベロニカ'ジョージアブルー'の小花が全体をさわやかにまとめている

バレバリア
'グリーンパール'
×
クリスマス
ローズ

ポイント

見どころの多い宿根草を選ぶ

小球根は開花期が短く、植えつけから芽吹きまでの期間と花後は、地上部がなくなってしまいます。ですから、その間をカバーしてくれる季節の草花との組み合わせがよく、球根と同じように植えたままにできる宿根草がおすすめです。開花期をずらしたり、葉の彩りのある品種を選ぶことで、シーズンを通して楽しめるコーナーになります。

＊小球根に合わせるおすすめの宿根草
黒葉ビオラ'プルプレア'、ケマンソウ'ゴールドハート'、ベロニカ'ジョージアブルー'、ティアレア'スプリングシンフォニー'など

濃い紫花のクリスマスローズに、ライムグリーンの花色のバレバリア'グリーンパール'を組み合わせた個性的な植栽。株元の黒葉ビオラ'プルプレア'やベロニカ'ジョージアブルー'の小花が、バレバリアを引き立てている

テクニック ②
小球根どうしを組み合わせる

　小球根は、1品種ずつまとめ、間隔を密にしてたくさん植えると見ごたえがします。開花期が同じものを組み合わせる場合は、花の色、形、大きさ、草丈に着目しましょう。花姿の異なるものを合わせれば、個性が際立ちます。草丈がそろうものを合わせれば、花が密集してより豪華になります。一方、開花期の異なる種類を合わせると、長期間楽しむことができます。

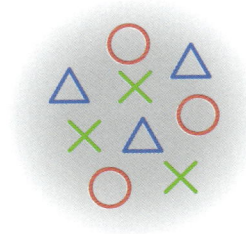

ミックスにすると全体がぼやける

各品種をグルーピングすると花姿がわかりやすい

バイモユリ × 原種チューリップ'オキュラータ'

草丈の高いものには低いものを組み合わせると、株元がさみしくならずバランスもとりやすくなる。バイモユリのすらりとしたラインが、原種チューリップ'オキュラータ'によって一段と生きてくる

ポイント　色合わせで見せる

　愛らしい小球根は、春を感じさせるパステルカラーの花色が豊富です。1つずつが小ぶりなので、テーマカラーを決めると一体感が出て、ボリューム感のある植栽が楽しめます。個性を際立たせるには、反対色を組み合わせましょう。

淡いブルー系の同系色でまとめたコーナー。同系色の花も、花形の違うものを合わせると変化が生まれる。同じ草丈の花が同時に開花してにぎやかな植栽に

チオノドクサ × 原種チューリップ

ピンク系でまとめたコーナー。花の大きさや形の違いで、それぞれの花姿がくっきりと見え、すらりとした原種チューリップが動きを出してくれる

イフェイオン'ウィズレーブルー' × ムスカリ'レディーブルー'

テクニック ③
狭いスペースに植える

ポット苗が植えられないような狭い場所や細長いスペースも、小球根ならたくさんの数を植え込むことができ、華やかな空間が作れます。スペースが限られている分、小球根の小さな花へ目線も向きやすく、注目が集まります。

A 階段の隙間に

階段などの斜面地は、全体が見渡しやすい空間です。見落としがちな階段の隙間にも、小球根なら彩りのアクセントをつけられます。

なだらかな階段の隙間に植えたムスカリ

B 庭のデッドスペースに

樹木の株元近くや、ほかの草花を植え込みにくい庭のデッドスペースなども、小球根なら無理なく植えつけることができます。

樹木の株元に植えたムスカリ

C アプローチまわりに

玄関までのアプローチや飛び石沿いは、小球根の演出効果が高いスペースです。自然と下を見ながら歩くので、目線を意識して動きのある配置を心がけてみましょう。

飛び石の隙間に植えたクロッカス

ポイント
狭い場所の効果的な植えつけ方

① ナチュラルな雰囲気を作る

小球根の可憐な花は、こぼれ咲いたように咲く景色が似合います。整然と並べずに、ばらまいてランダムに配置して植えてみましょう。

② 隙間を残す

飛び石などの目地（つなぎ目）の隙間は、球根だけで埋めつくすのではなく、宿根草をはさんだり、なにも植えない空間を作るとより自然になります。

テクニック ④
グラウンドカバープランツと植栽する

　草丈の低いものが多い小球根は、背景にもひと工夫しましょう。地面を覆うグラウンドカバープランツ（P84）は、一年を通して楽しめるものが多く、葉の色がカラフルなものを選べば、小球根が引き立ちます。また、グラウンドカバープランツには、花の美しいものもあるので、より色彩豊かなコーナーづくりができます。

花と葉のカラーコーディネート例

小球根の花色と、グラウンドカバープランツの花や葉色に着目！
イエローにブルー、レッドにグリーンとコントラストのある反対色の葉色を
組み合わせると、鮮やかで印象的な植栽になります。

スイセンなど　　**イエロー** × **ブロンズ**　　アジュガ・レプタンス　　リシマキア'ミッドナイトサン'

銅葉は、スイセンなどの黄花を明るく際立たせ、花壇全体の引き締め効果もあります。
個性的な色なので、ポイント使いがおすすめです。

ムスカリなど　　**ブルー** × **ゴールド**　　リシマキア'オーレア'　　リシマキア'リッシー'

花が少なくさみしくなりがちな冬花壇を、明るく彩ってくれるのが黄金葉です。
ムスカリなどの青花は反対色になるので、互いがより映えます。

原種チューリップなど　　**レッド** × **グリーン**　　ディコンドラ'エメラルドフォール'　　ラミウム・ガリオブドロン

緑葉は、とりわけ目を引く赤花の原種系チューリップなどを美しく見せます。
銀葉がかったものを選べば、シックな印象になります。

実践
芽出し球根を作る

球根を植えつける場所が決まらなかったり、球根が余ってしまったりしたときは、深めの鉢に球根を植えつけて「芽出し球根」を作っておきます。芽が出てきたら花苗と同じ感覚で、庭のあいているスペースに植え足して咲かせましょう。

用意するもの
- 球根
- 培養土
- スリット鉢（深めのもの）

※球根は水はけのよい土を好むので、培養土に腐葉土を1～2割加えるとよい

植え方にこだわる
鉢植えは、土の容量が限られているので、球根の根を伸ばすスペースを考えて、深めの鉢を選びます。球根の大きさの半分から1個分（約3cm）の厚さの土をかぶせるのが基本です。鉢の深さに合わせて覆土する量を決めましょう。

1 覆土の量を確認
鉢底に土を入れて、小球根を植える位置（A）を決める。そのあと、球根の大きさの半分から1個分の厚さ（B）の土をかぶせる

2 球根を配置する
通常は球根1個分の間隔をあけて配置する。小球根や、豪華に咲かせたい場合は、球根と球根の間隔がぎりぎり触れ合わないくらいの密度に植える

3 土をかぶせる
ウオータースペースを2～3cmほど確保して土をかぶせる。このあと、鉢底から流れ出るまでたっぷり水を与える

4 芽出しを確認！
春先になればしっかりと新芽が確認でき、確実に開花が見込める

球根植物の栽培ポイント

球根植物は、もともと球根自体に生育に必要な養分が貯蔵されているので、手間いらずの育てやすい植物です。たいせつなのは、植えつけ適期を守ることです。

植えつけ適期	春植え球根は3月中旬～5月、夏植え球根は7月中旬～8月中旬、秋植え球根は10月中旬～11月が植えつけ適期です。まだ気温の高い9月上旬に植えつけると、球根そのものが腐ることがあるので注意しましょう。
水やり	表土が乾いたら水をたっぷり与えます。水切れと水のやりすぎは厳禁です。
肥料	基本的に肥料は不要ですが、来年も咲かせるときは、花後にカリ分の多い有機質肥料を施して球根を太らせましょう。
病害虫	注意したいのは、ウイルス感染による「モザイク病」（花弁や葉にまだら模様が入る）です。ウイルスを媒介するアブラムシをこまめに防除しましょう。

植物図鑑

大きめの球根

ダリア'マダムダリア・ベラクルス'
Dahlia 'Madam Dahlia Veracruz'

キク科テンジクボタン属（ダリア属）　半耐寒性球根

花期：5〜11月　　草丈：50〜60cm
日照：ひなた　　　水分：適湿
特長：花つきのよいコンパクトタイプで、大輪花を初夏から秋まで咲かせる。夏の高温多湿が苦手なので、初夏の花が咲き終わったら切り戻す。秋は花色が冴えていちばんの美しさとなる。

カンナ
Canna

カンナ科ダンドク属（カンナ属）　半耐寒性球根

花期：6〜11月　　草丈：50〜150cm
日照：ひなた　　　水分：適湿
特長：真夏の炎天下に、鮮やかな花を元気に咲かせる。大ぶりの葉とダイナミックな草姿がトロピカルな夏の印象を強め、庭のポイントになる。暖地では、植えたままでも冬越しできる。

スイセン'カムラーデ'
Narcissus 'CumLaude'

ヒガンバナ科スイセン属（ナルキッスス属）　耐寒性球根

花期：12〜4月　　草丈：15〜40cm
日照：ひなた　　　水分：適湿
特長：植えたままで毎年花が楽しめる丈夫さが魅力。同じく数年植えたままにできる宿根草と好相性。ナチュラルな雰囲気なので、小花や樹木下などのシーンに合う。白にアプリコットのバタフライ咲きが個性的で華やかな印象。

ユリ'コンカドール'
Lilium 'Concador'

ユリ科ユリ属　耐寒性球根

花期：6〜7月　　草丈：80〜120cm
日照：半日陰　　　水分：適湿
特長：レモンイエローの花を咲かせる。別名はイエローカサブランカ。半日陰を好むので花壇の奥のポイントに植えると、大輪の花が効果的に楽しめる。高さがあるが、まっすぐに立ち上がるすっきりとした草姿。球根は深めに植えて、支柱を立てる。

毎年咲かせる 球根草花

小球根

スノードロップ
Galanthus

ヒガンバナ科マツユキソウ属（ガランサス属）　耐寒性球根

花期：1〜3月　　**草丈**：10cm
日照：ひなた　　**水分**：適湿
特長：白とグリーンのさわやかな色の組み合わせ。コンパクトで小花なので、数球まとめて植えると存在感が増す。早春にいち早く開花するので、目につきやすい。

クロッカス
Crocus

アヤメ科サフラン属（クロッカス属）　耐寒性球根

花期：2〜4月　　**草丈**：10cm
日照：ひなた　　**水分**：適湿
特長：地面にくっついて咲くような愛らしい花姿。早咲きはまわりの冬景色のなかで、ひときわ目を引く。小道沿いなど、目線の行きやすい場所に植えると効果的。

バイモユリ
Fritillaria verticillata var thunbergii

ユリ科バイモ属　耐寒性球根

花期：3〜6月　　**草丈**：30〜60cm
日照：ひなた　　**水分**：適湿
特長：草丈があるが、細い茎葉でスリムなので植え込みやすい。クリームがかったグリーンがさわやかで、どんな植物とも合わせやすい。植えたままで毎年楽しめる。

ムスカリ・アズレウム
Muscari Azureum

クサスギカズラ科ムスカリ属　耐寒性球根

花期：3〜4月　　**草丈**：10〜15cm
日照：ひなた〜半日陰　　**水分**：適湿
特長：個性的な花姿とコンパクトな草姿が魅力。スイセンとも相性がよい。まとめて植えると、いっそう花色や姿がくっきりと見えて美しくなる。レースのような個性的な花。

PART 5

暑い気候でもよく育つ
個性的なカラーリーフ

　斑入り葉に、銀葉、銅葉、黄金葉など、葉の美しさが際立った植物を「カラーリーフプランツ」と呼びます。葉の色や形、模様は変化に富んで、花以上に美しい表情を見せる品種がたくさんあります。カラーリーフには、一年草や宿根草のほかにも、シュラブや高木まで多岐にわたります。また、室内でおもに楽しんでいた観葉植物も含めれば、シーズンを通してカラフルなシーンを楽しむことができます。カラーリーフは、花ほど手間がかからないうえ、長い期間楽しめるのが魅力です。耐寒性や耐暑性、好む日照などには違いがあるので、季節と場所に応じて使い分けをしましょう。

細長い葉を伸ばすニューサイランやコルジリネの手前に、草丈の低いブラックのイポメアをこんもりと茂らせて草姿のメリハリと色のコントラストをつける

オレンジ
Orange & Yellow
イエロー

クロトン
赤、朱、黄色の葉色と、さまざまな葉形が特徴的で、トロピカルな雰囲気を演出できる。日光をはね返すような光沢のある葉の質感も魅力

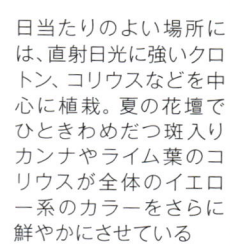

日当たりのよい場所には、直射日光に強いクロトン、コリウスなどを中心に植栽。夏の花壇でひときわめだつ斑入りカンナやライム葉のコリウスが全体のイエロー系のカラーをさらに鮮やかにさせている

カラーリーフは、鉢植えの主役にもなる。中央に高さのあるドラセナ・コンシンネをメインに、周囲にはトウガラシ、ユーフォルビア・ダイヤモンドフロスト、ビンカ・ニルバーナの小花を組み合わせた

真夏の日ざしに負けない、ひなたのカラーリーフ

　コリウスとクロトンは、真夏の強い日ざしに負けず、日当たりのよい庭にうってつけ。コリウスは摘心を繰り返すことで、株をこんもりと茂らせます。クロトンは葉もちがいいので手間がかかりません。オレンジとイエローの配色は、夏にぴったりのカラーコーディネートです。

グリーン Green & Green グリーン

明るい日陰には、形や質感の異なる葉を組み合わせる

直射日光の当たらない夏の明るい日陰は、観賞植物が大活躍します。個性的な葉を生かすには、リーフをメインにした組み合わせがおすすめです。葉の形や草姿、葉色の違うものを隣り合わせることで、個性が際立ちます。半日陰では、斑入りやシルバー、ライムカラーのものを多く選ぶと明るい印象になります。

庭のコーナーをカラーリーフの鉢植えで涼しげに演出。鉢植えは、日照に合わせて移動できるのが魅力

紅紫色がかった葉で葉脈に沿ってくっきりと緑色が入るストロビランテス・ダイエリアヌスは、明るい日陰を好む。アロカシアや斑入りのヤツデなど、葉の形が違う植物との組み合わせると変化が出る

Silver & white
シルバー ホワイト

シルバーリーフと白い花を混植し、フレッシュな清涼感を

　白をテーマにしたホワイトガーデンは、とりわけ清楚な印象です。シルバーリーフは、全体を明るく見せる効果があります。白はさわやかですが、膨張色で、ぼんやりとした印象になりやすいので、花や葉の形で変化をつけましょう。

シルバーリーフのセントーレア（宿根ヤグルマギク）を中心に、エキナセア、サルビア・スプレンデンス、ユーフォルビア・ダイヤモンドフロストなど、白い花で統一したホワイトガーデン。清涼感たっぷりで心地よい

ユーフォルビア・ダイヤモンドフロスト
暑さに強く白い小花を次々に咲かせるため、カラーリーフとしても組み合わせやすい

赤系の葉や実は銅葉で引き締め、シックな印象に

　鮮やかな赤は見る者を魅了する色ですが、単色では印象がきつくなりすぎたり、派手になったりしやすい色です。そこにブロンズリーフをもつ草花を加えると、テーマカラーを生かしつつ、落ち着いた深みのあるシーンを演出できます。

Red & Bronze
レッド ブロンズ

セロシア・スマートルック
鮮やかなブロンズリーフが、個性的な花穂を引き立てる。数株まとめて植えると花の印象が強まって効果的

大きく茂ったコリウスやパープル・ファウンテン・グラスが庭のポイントに。銅葉のセロシア、ベゴニア・タブレットが花と葉をまとめている

PART 6

植物が育ちにくい
日陰を生かす工夫

　住宅まわりの庭は、建物や塀、樹木などで半日陰となる場所が多く生じます。こうした場所は、繰り返し開花する日当たりを好む草花は花つきが悪くなるばかりでなく、株が徒長したり、病害虫にかかりやすくなることがあります。でも、半日陰地だからと、花をあきらめることはありません。耐陰性のある草花を選び、さらに美しいリーフをプラスすると、しっとりとした景色が楽しめます。日照が少ない分、水はけをよくしたり、茂りすぎた植物はこまめに切り戻して風通しをよくし、草姿が乱れないようなメンテナンスを心がけましょう。

テクニック ①
庭まわりの構造物にひと工夫する

　植物だけでなく、構造物でも明るい環境に近づけることができ、植えられる草花の幅も広がります。日陰の庭でも、敷石や塀、建物の壁の色が白や明るい色調であれば、周囲の光が反射して明るさを確保できます。

常緑樹に囲まれたシェード。壁面や柱を白やベージュにすることで反射光も得られ、印象ともに明るいコーナーに。個性的な葉と散り斑が美しいヤツデの'紬絞り'がポイントになっている

明るいグレーの敷石が続くシェードガーデン。奥にフォーカルポイントとして壁泉（へきせん）が設置されている。オオデマリ、アイリス、ティアレラなど、白花を咲かせる植物を中心に植えているので、庭全体が明るく感じられる

テクニック ②

半日陰でも咲く草花やカラーリーフで華やかにする

　耐陰性のある草花のなかでも、目的や楽しみ方に合わせて草花を選びましょう。季節の花を楽しみたければ、ホタルブクロやアスチルベのような宿根草を。華やかな印象にしたいときは、インパチェンスのような長期間咲き続ける草花を。また、カラーリーフをとり入れれば、花が少なくても鮮やかな印象になり、斑入りや黄金葉は全体を明るく見せてくれます。

大きな花穂を上げたアスチルベが庭のポイントに。乾燥が苦手なので、直射日光が遮られる半日陰地に最適。バックの大型のギボウシの葉が背景となり、明るい葉模様が、アスチルベの花を引き立てている

斑入りのアジサイ'恋路ヶ浜'やギボウシなど、葉の美しい植物を多く用いると、長期間楽しめる。アジサイは丈夫で花も楽しめる、庭植えには欠かせない花木

ヒューケラやティアレラは、カラーリーフとして葉の彩りを楽しむだけでなく、花も美しい。長く立ち上がった花茎に咲かせる小花は見どころのひとつ。草姿もコンパクトなので、狭いスペースでも楽しみやすい

明るさによる区分

環境条件によって明るさが変わってきます。
日照は、大きくひなた、半日陰、日陰の3つに分けられます。

ひなた	半日以上直射日光が当たる場所：南側や、建物や高い塀に囲われていない東側・西側
半日陰	一日2～3時間ほど直射日光が当たる場所：建物や塀近くの東側・西側
日　陰	直射日光がほとんど当たらない場所：建物沿いの北側

植物図鑑

ヒューケラ'キャラメル'
Heuchera 'Caramel'
ユキノシタ科ツボサンゴ属（ヒューケラ属）　耐寒性宿根草

観賞期：通年　　　　　草丈：30～80cm
日照：ひなた～半日陰　水分：乾燥ぎみ
特長：アプリコット色の葉で、とくに春の新芽はオレンジ色がかり美しい。大型の強健種で、地植えでも育てやすく、大きな葉が庭のポイントになり、まわりの草花を明るく見せる。

ティアレラ'スプリングシンフォニー'
Tiarella 'Spring Symphony'
ユキノシタ科ティアレラ属　耐寒性宿根草

花期：4～5月　　　　　草丈：25～40cm
日照：ひなた～半日陰　水分：やや湿潤
特長：黒い筋が入ったモミジのような常緑の葉が美しく、花とのバランスも抜群。株が大きくなりすぎないので使いやすく、地植えにすると、翌年はさらに花つきがよくなる。

アカンサス・モリス
Acanthus mollis
キツネノマゴ科ハアザミ属（アカンサス属）　耐寒性宿根草

花期：5～8月　　　　　草丈：120cm
日照：ひなた～半日陰　水分：適湿
特長：切れ込みのある艶やかな葉が大きく、株を茂らせてボリューム感がある。花穂が上がると草丈は1m以上になり、存在感ある姿がフォーカルポイントになる。寒冷地では冬に地上部がなくなる。

クリスマスローズ（ガーデンハイブリッド）
Helleborus × hybrids
キンポウゲ科ヘレボルス属　耐寒性宿根草

花期：2～4月　　　草丈：30～60cm
日照：半日陰　　　水分：適湿
特長：クリスマスローズの原種を交配してでき、花色や形・模様が変化に富んでいて育てやすい。夏の高温多湿が苦手なので根腐れを防ぐために水はけのよい土に植えつける。

半日陰に向く 草花

シュウメイギク
Anemone hupehensis var. japonica

キンポウゲ科イチリンソウ属　耐寒性宿根草

花期：9〜10月　　草丈：30〜150cm
日照：ひなた〜半日陰　水分：やや湿りけ
特長：すらりと伸ばした花茎に花を咲かせ、秋の風情を感じさせる。生育旺盛で地下茎を伸ばして広がるので、ほかのエリアに進入してきたら切り取る。冬は地上部がなくなる。

インパチェンス
Impatiens walleriana

ツリフネソウ科ツリフネソウ属（インパチェンス属）　非耐寒性宿根草

花期：6〜10月　　草丈：20〜60cm
日照：ひなた〜半日陰　水分：適湿
特長：初夏から秋まで繰り返し開花する。半日陰で楽しめる開花期の長い貴重な草花。日ざしが十分でないと花つきが悪くなり、徒長しやすい。八重咲きはバラのようで華やか。

ケマンソウ'ゴールドハート'
Dicentra spectabilis 'Gold Heart'

ケマンソウ科コマクサ属　耐寒性宿根草

花期：4〜6月　　草丈：40〜60cm
日照：半日陰　　水分：やや湿潤
特長：ライムカラーの葉が鮮やか。春にピンクのハート形の花を連ねて咲かせる。開花後、初夏に地上部が枯れてなくなる。株が充実すると大型になり、春の庭のポイントになる。

アスチルベ
Astillbe

ユキノシタ科チダケサシ属（アスチルベ属）　耐寒性宿根草

花期：5〜7月　　草丈：40〜100cm
日照：ひなた〜半日陰　水分：やや湿潤
特長：細かな花をたくさんつけたボリューム感ある花穂がみごと。乾燥を嫌うので、夏は西日を避けた場所に。切れ込みのある葉も美しい。花後は葉を残して株を充実させる。

PART 7

庭が映え、雑草対策になる
グラウンドカバープランツ

　地面を覆う植物を総称して「グラウンドカバープランツ」といいます。地被植物とも呼ばれ、草丈の低い植物を主とし、つる性植物、地面を覆うようにして伸びるほふく性植物なども含まれます。

　一般に、土面がむき出しになっている場所や殺風景な壁面などに、修景を目的として使います。植物で地面を覆うことで、土の乾燥や照り返しの防止、雨による泥はねの防止、雑草対策などの効果も期待できます。小さな庭の場合には、アプローチまわりや小道沿い、花壇の縁まわりなど、隙間がたくさんあります。スペースに合った草花を合わせて、今までとは違った景色を楽しみましょう。

グラウンドカバープランツの選び方

A　丈夫で長く楽しめる品種を選ぶ

　ほかの草花が育てにくい隙間に植えるので、丈夫であまり手がかからない品種を選びます。面積の広い場合はつる性や横に広がるタイプを、スペースが狭い場所には、草丈が低く、こんもりとまとまるタイプを選ぶのがポイント。旺盛に伸びるタイプは、ほかの植物の生育を阻害することもあるので、こまめに切り戻しましょう。

〈横に広がるタイプ〉ビンカ、リピア、ポリゴナム、リシマキアなど
〈こんもりまとまるタイプ〉ゲラニウム、フロックス・ディバリガータ、アルケミラモリス、エリゲロンなど

B　花や葉の美しさを楽しむ

　小庭では、飛び石や花壇沿いの隙間はたいせつな植栽スペース。小道沿いや花壇手前は目につきやすいコーナーです。さりげなく全体の景色やまわりの植栽に合わせて花や葉の美しいものを選ぶと、さらに細やかな趣ある庭の景色に。地面を覆うように広がった茎葉に花が咲くと、いっそう華やかです。葉に彩りのあるものは、さらにカラフルになります。

〈花や葉の美しいタイプ〉アジュガ、ベロニカ'ジョージアブルー'、白花サギゴケ、ラミウム・ガリオブドロン、宿根ビオラなど

チェックポイント

☐ 強健に育ち、幅広い環境（日当たり、乾湿）に適応できるもの
☐ 耐寒性・耐暑性に強く、数年植えたままにできるもの
☐ 地表面を茎葉が密に覆い、草姿が美しいもの

ベロニカ'ジョージアブルー'
すがすがしいブルーの小花を無数に咲かせ、横に這うようにこんもり広がる

シンバラリア・アエクイトリロバ
草丈は2〜4cmほどで、細かな葉が地面に張りつくように広がる。ラベンダー色の小花を咲かせる。生育はゆっくり

ゲラニウム'セシリフローラムニグリカンス'
丸みを帯びた銅葉が美しい。庭に加えると、全体が締まって見える。白い花を咲かせる

こんもりか、へばりつくか、場所によって植物を使い分ける

　小道や飛び石のまわりはとくに目線が下りやすいため、植栽を効果的に見せることができます。歩きながらつねに目線が動くことを意識して、草花も均一ではなく、数種を繰り返し用いるとリズミカルな印象になります。均一に植えずに、少しランダムに配置することで、自然に咲きこぼれたようなシーンになり、草花とアプローチが一体化した景色になります。飛び石の隙間のような、人に踏まれる恐れのある場所は、リピアのように踏圧にも強く、草丈の低いものを。幅のある小道なら、こんもりとしたボリューム感あるものも取り入れると、強弱が出て表情がつきます。

花壇のエッジ処理は庭を美しく見せる秘訣

　花壇のきわや境界は、庭の印象づけを左右するたいせつな部分です。レンガや位置などで区切られている場合は、石の隙間やレンガの手前にグラウンドカバープランツをとり入れてみましょう。草丈が低いので奥の草花を隠すことなく、横に広がる草花は、すっきりとした印象を与えたり、こんもり茂るものは、こぼれ咲いたような姿になって、花壇の中と外の境界をやさしくつないでくれます。

不規則な石を組んだ花壇。ランダムな隙間がたくさんでき、密に葉を茂らせるグラウンドカバープランツ（写真はネモフィラ'ペニーブラック'）に最適。石は草花とよくなじみ、広がったり枝垂れたりして絡むとやさしい景色になる

植物図鑑

アジュガ・レプタンス
Ajuga reptans

シソ科キランソウ属（アジュガ属）　耐寒性宿根草

花期：4～5月　　**草丈**：10～20cm
日照：半日陰　　**水分**：適湿
特長：銅葉や斑入りの葉は美しく、常緑で周年楽しめる。春に立ち上がる花穂がみごと。花後にランナーを伸ばして新しい株をふやしていくので、広がりすぎたら切り取る。

ビンカ・ミノール
Vinca minor

キョウチクトウ科ツルニチニチソウ属（ビンカ属）　耐寒性常緑の亜低木

花期：4～7月　　**草丈**：つる性
日照：ひなた～半日陰　　**水分**：適湿
特長：生育旺盛なつる性で、地面に接したところから根を出してどんどん広がる。斑入り葉の彩りも美しい。春に咲く花も楽しめる。立ち上がった花壇（レイズドベッド）に植えれば、枝垂れた姿が楽しめる。

ラミウム・ガリオブドロン
Lamium galeobdolon

シソ科ラミウム属　耐寒性宿根草

花期：5～6月　　**草丈**：10～30cm
日照：半日陰　　**水分**：適湿
特長：シルバーの美しい葉。春から初夏にかけて咲く黄色の花も美しい。夏は直射日光の当たらない場所で。生育旺盛なので、広がりすぎたものはそのつど切り取る。

シロバナサギゴケ
Mazus miquelii

ハエドクソウ科サギゴケ属　耐寒性宿根草

花期：4～5月　　**草丈**：10～15cm
日照：ひなた～やや半日陰　　**水分**：やや湿潤
特長：ほふく枝を伸ばして細かな茎葉をマット状に茂らせる。踏まれても耐えるので、飛び石まわりなどにも使いやすい。春に白い花を一面に咲かせる。

グラウンドカバープランツ

リシマキア'ミッドナイトサン'
Lysimachia congestiflora 'Midnight Sun'

サクラソウ科オカトラノオ属（リシマキア属）　耐寒性宿根草

花期：5～6月　　草丈：5～10cm（つる性）
日照：ひなた　　水分：適湿
特長：銅葉の葉が美しく、暑さ寒さに強くてよく伸びる。初夏に咲く黄色の花とのコントラストも美しい。シックな葉色が草花を引き立て、寄せ植えにも使いやすい。

ベロニカ'ジョージアブルー'
Veronica peduncularis 'Georgia Blue'

オオバコ科クワガタソウ属（ベロニカ属）　耐寒性宿根草

花期：4～5月　　草丈：10～20cm
日照：ひなた～半日陰　　水分：やや湿潤
特長：やわらかな茎葉を横にふんわりと広げ、春にブルーの小花を一面に咲かせる。暑さ寒さに強い。花後は切り戻し、夏は直射日光の当たらない場所だと夏越ししやすい。冬になると葉がブロンズ色がかる。

ヒメツルソバ（ポリゴナム）
Polygonum capitatum

タデ科イヌタデ属（ペルシカリア属）　耐寒性宿根草

花期：4～11月　　草丈：50cm（つる性）
日照：ひなた　　水分：適湿
特長：生育旺盛でどんどん広がるので伸びすぎたら、そのつど切る。金平糖のような小さなピンクの花を初夏から秋にかけて長く楽しめる。冬は霜にあたると落葉するが、暖地では屋外で冬越しできる。

ビオラ・ラブラドリカ'プルプレア'
Viola labradorica 'Purpurea'

スミレ科ビオラ属　耐寒性宿根草（冬期常緑～半常緑種）

花期：10～5月　　草丈：10～30cm
日照：やや半日陰　　水分：適湿
特長：黒みがかった常緑の葉が美しく、淡い紫の花が咲くとよりシックに。暑さにも強く、花は秋から初夏にかけて繰り返し咲き続ける。草丈はあまり伸びずに横に広がる。

Column 3

庭に繁茂する
雑草対策

　庭を管理する人の意に反して繁茂する植物を、私たちは「雑草」と呼んでいます。観賞価値の高いものもありますが、ほかの植物を弱らせてしまうほど繁殖力の強いものが多いのが悩みのタネ。じつは、ハーブや宿根草でも、強健で混植するとまわりの植物の生育が阻害されるものもあります。ミント類がその代表です。庭植えすると、旺盛に地下茎で広がって、一度地におろすと根絶するのは難しいほどです。

　では、薬を使わずに雑草の繁殖を抑えるには、どうしたらよいでしょう。それは土を露出させないこと、そして日光を遮断することです。具体的には、砂利を敷く、レンガを敷き詰める、グラウンドカバープランツを植えるなど。このほか、「防草シート」などの名称で売られているシートを活用するのもよいでしょう。あらかじめ、このシートを敷いて、上に砂利やレンガを敷くと、防草効果がアップするだけでなく、土と混ざらないので、砂利を美しく維持することもできます。庭の植物に悪影響を及ぼすものをよく見極め、雑草と上手につきあっていきましょう。

美しい庭のために防除したい雑草

カタバミ
カタバミ科カタバミ属／多年草／草丈：10～30cm／花期：10～30cm／ハート形の3枚の緑の葉に、黄色い花を咲かせます。クローバーに似た愛らしい花ですが、生長が早く繁殖力が強いので、放っておくと庭一面に繁殖します。根も深く張り込むので、根こそぎ削って取り除きます。

ヤブガラシ
ブドウ科ヤブガラシ属のつる性植物／草丈：2～3m／花期：6～9月／名前は藪を覆って枯らしてしまうほど生育旺盛であることに由来します。フェンスや壁面などによく絡まっています。樹木に巻きつくと、光合成を阻害して弱らせてしまいます。根気よく地際から刈り続けます。

スギナ
トクサ科トクサ属／シダ植物／草丈：20～40cm／生育期：3～9月／酸性の土を好み、乾いた場所によく生えています。根は1mのところまで伸びていき、地下茎と胞子でふえます。生命力が強く、放っておくと地面いっぱいに生えるので、根気よく根まで取り除きます。

ドクダミ
ドクダミ科ドクダミ属／多年草／草丈：15～40cm／花期：5～7月／湿りけのある日陰や半日陰を好み、日当たりの悪い裏庭のような場所によく生えています。強い香りがあり、薬草としても知られる植物です。地下茎でふえるので、スコップで掘り起こして、根まで取り除きます。

スズメノカタビラ
イネ科イチゴツナギ属／一～二年草／草丈：5～20cm／花期：3～11月／シバに似ていますが、芝生の中で育つと違和感があり、芝生の見栄えも悪くなります。花期が長いので、種ができる前にこまめに刈り取ることがたいせつです。

エノコログサ
イネ科エノコログサ属／一年草／草丈：30～80cm／花期：8～10月／古くより「ネコジャラシ」の名前で親しまれてきました。おもに種で繁殖するので、穂をつける前、春先のうちに除草すると効果的です。地中の根は比較的浅いので、根元の土をほぐせば抜き取れます。

第4章

実用と遊び感覚をプラス

小さな庭が映える演出

PART 1

庭のフォーカルポイントになる
花壇の種類と作り方

　庭の目につく場所に小さな花壇を作ると、そこに見せ場が生まれ、庭のフォーカルポイントになってくれます。また、レンガや自然石などで仕切ることで、平面的な庭にメリハリができます。花壇と歩道というように空間を仕切ると、草花を育てる植栽帯と、小道やテラスなどのひらけたスペースが明確になって作業もしやすくなります。

　花壇のスタイルとしては、フランスの流れをくむ「フォーマルな整形式」と、イギリスで誕生した「ナチュラルな自然風景式」に大きく分けられます。前者は、幾何学模様が左右対称に配置された規則正しいデザインです。広さが必要と思われがちですが、玄関やアプローチの両サイドに同じコンテナを置くなど、小さな庭でも部分的にとり入れることができます。後者は、はっきり境界を作らずに植物を不規則に組み合わせる、自然との調和を重視したデザインです。

どんな庭にも調和しやすい
花壇に適した資材

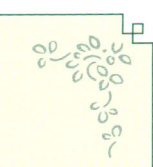

　はじめて花壇を作るときにたいせつなのは、面積です。あまり広すぎると必要な材料が多くなり、体力的にも経済的にも負担になります。1㎡前後の広さで、奥行きも手が届く80cm程度のサイズだと無理なく作れます。花壇の外枠を作る資材には、並べるだけで花壇になる化粧ブロックや、さまざまな色や大きさのレンガ、天然石などがあります。自分で花壇を作るとき、次の資材が扱いやすいでしょう。

アンティークレンガ
レンガは大きさも価格も手ごろです。また、使い込んだように角が丸くなっているものは、より自然な風合いがあり、できてすぐに、まわりになじんだ仕上がりになるのが魅力です。2段以上を組む場合は、モルタルで固定して使います。

コッツランドストーン
イギリスのコッツウォルズ地方で採掘される天然石です。手作業で切り出すため、大きさや形にばらつきがあります。モルタルなしで組んでも、センスある花壇が作れます。花壇の枠組みのほか、敷石や石垣、テラスの床材などにも使われます。

ピンコロ石
御影石などを加工した舗装用の石です。90mm角の立方体、厚さが45mmの「半割」と呼ばれるものがあり、白、ピンク、サビ色などの色がそろっています。パーツが小さいので、曲線などを描きやすいのが利点。固定するにはモルタルなどの接着資材が必要です。

小庭にとり入れやすい花壇

小庭や限られたスペースでは、コーナーを際立たせるためにも、石やレンガなどの資材を用いて境界を作るのがおすすめです。

A 取り囲む花壇

植栽スペースまわりを薄い石を立てて囲うと、シャープですっきりした印象の花壇になります。長いものを深く埋めれば、モルタルがなくても固定できます。

半割のピンコロ石をしっかりモルタルで固定した花壇。細かな石材で、ゆるやかなラインを美しく描くことができる

B 立ち上げる花壇（レイズドベッド）

庭の平らな面に、レンガや自然石、枕木などで囲って、地面よりも植栽スペースを高くした花壇をレイズドベッド（立ち上げる花壇）といいます。地盤を高くすることで、日当たりや水はけ、風通しがよくなるといったメリットのほかに、端正に積まれた資材で風合いが増し、庭を美しく見せる演出効果もあります。

厚さの薄いコッツランドストーンを積み重ねた花壇。明るいハチミツ色の石が植物を美しく見せる

丹波石に断面をそろえて積んだ花壇。目が詰まって、すっきりとした印象なので、植物が映える

実践 チャート砕石でミニ花壇を作る

チャート砕石の花壇は、どこでもどんな形にも作れるのが魅力。
不ぞろいなチャート砕石をかませ、立てるように左右両方から重ねていくと、
はじめてでもきれいに積めます。

用意するもの
- チャート砕石（花壇の幅に合わせる）
- 防草シート（花壇のサイズに合わせる）
- 三角ホー
- こうがい板（地ならしする板）
- 移植ゴテ
- バケツ
- 用土（培養土＋腐葉土＋鹿沼土）
- 化成肥料

チャート砕石とは？
チャートは、堆積岩のひとつ。不純物によって、灰・黒・茶・緑・赤など、色調に変化があり、不定形に切り出した砕石は、レンガよりも場所を選ばず、深みのある色みは和風でも洋風でも合う

1.花壇枠を作る
チャート砕石は、立てるように左右両方から重ねていくと、きれいに積めます。

1 シートをカット
防草シートを1㎡弱の楕円形に切り取る

2 配置する
防草シートを、花壇を作る位置に配置する

3 組み合わせる
石の角を立てるようにしながら、大小を組み合わせて配置する。防草シートの縁は、石で隠れるようにする

4 安定させる
薄い石は、小石を下にかませて安定させる

花壇枠が完成！

2. 草花を植えつける

チャート砕石の花壇枠ができたら、土を入れて草花を植えつけましょう。

1 用土を入れる
花壇に用土を入れる。石組みの縁までしっかり入れる

2 元肥を加える
元肥として化成肥料を少量加える

3 培養土に混ぜる
三角ホーで肥料を培養土に混ぜる

4 周囲を盛り上げる
中央が高くなるように周囲を盛り上げ、石組みの間にも土がもれなく入るようにする

5 表面をならす
こうがい板で表面をならせば、植物を植えつけるベッドが完成

6 ポット苗のまま置いてみる
草花をポット苗のまま配置して植栽をイメージする

7 植えつける
花壇にポット苗を植えつける

1か月後

風にそよぐ植物を植栽、涼しげな初夏の花壇

草丈のあるデルフィニウムの青花に、
繊細なオルレアの白花などを添えて、
株元には草丈の低い葉ものを植栽。
涼やかな色合いは
花壇の石の風合いと調和し、
涼しげな初夏の花壇に！

植栽した植物
デルフィニウム・オーロラ／フレンチラベンダー／スカビオサ／オレガノ'ロタンダフォーリア'／チェイランサス'コォッツウォールドゼム'／マトリカリア／ラミウム・スターリングイエロー／セリンセ・マヨール'パープルベル'／オルレア・グランディフローラ

PART 2
庭の表情づけにもなる
小道の効果と演出

　小道は、庭の印象を左右するたいせつな構成要素のひとつです。奥行きのある空間を作り、ドラマチックな演出効果を生みます。砂利と植物を組み合わせたり、道幅に変化をもたせたりするなど、工夫しましょう。また、小道は毎日通る動線でもあります。広さや勾配も考慮して、なるべく歩きやすくすることもたいせつです。

　枕木や舗石、レンガなどの大きめの長い材料を用いれば、直線やL字形を作りやすいです。ただ、小さい庭ではサイズオーバーだったり、植栽の変化をつけにくい面もあります。曲線やS字形を描きやすいのは、ピンコロ石など小さめの資材です。パーツをずらして整形していくので手間はかかりますが、奥行きが出て広く見えます。

　また、小道の左右や、石と石の隙間に草花を植えるスペースが生じて、ナチュラルなシーンを作ることができます。

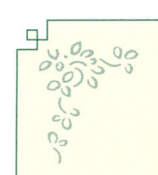

いろいろある小道の資材
組み合わせパターン

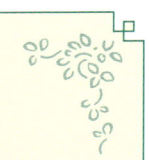

　レンガや枕木、ピンコロ石などの資材を、平面に模様を描くようにパターンを考えて組み合わせると、表情豊かな小道を作ることができます。ここでは、3つの組み合わせのパターンを紹介します。

枕木＋砂利＋レンガ
枕木の間に砂利を組み合わせたパターン。ところどころにレンガを配置すると、砂利留めにひと役買ってくれます。砂利は枕木に合わせて茶系を選んで、自然な風合いを楽しみます。

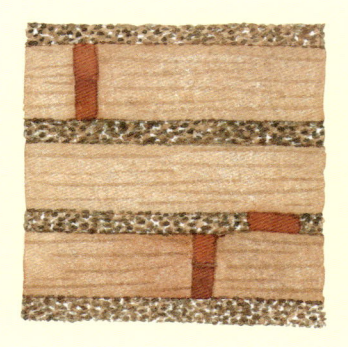

枕木＋ピンコロ石＋敷石
枕木を不規則に並べ、その間にいろいろな色のピンコロ石を入れたパターン。さらに、角に舗石を配置してアクセントに。ピンコロ石の隙間には砂利を入れて表情豊かにします。

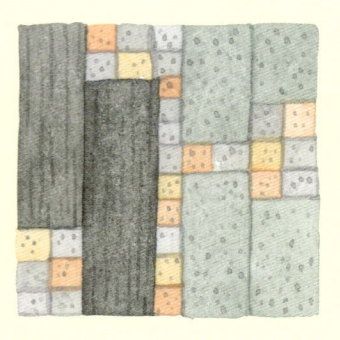

デッキパネル＋バークチップ
森の中のような自然な色合いが楽しめる組み合わせです。テラスやベランダなどに使いたいパターンです。バークチップは歩く感触も楽しみのひとつ。

小道に似合う植栽テクニック

　小道沿いやステップ石の間に草花を植えると、ステップ石を踏みながら小道を歩くのがいちだんと楽しくなります。歩行の妨げにならないコンパクトな草姿の草花を選びましょう。

ゆるやかなカーブを描いた飛び石の小道。直線にしないことで、やわらかな印象になり、空間にも広がりを感じさせる

ポイント
ベンチやオブジェで変化をつけてアクセントに

　小道沿いにベンチやオブジェ、大きめのコンテナを置くと、目線が集まるアイスポットになって、そこまで歩いていきたくなるものです。庭を隅々まで楽しむための工夫のひとつ。

不整形のアンティークレンガを敷き詰めたステップ。その隙間に白いネモフィラやビオラ、スイートアリッサムの花がじゅうたんのように咲き乱れる。歩いていくとベンチにたどり着く

ポイント
小道沿いに楽しめる季節の見どころを作る

　季節ごとに、美しい見どころがある植物を小道沿いに植えておくと、歩く楽しみが増えます。真冬の庭でも、耐寒性があり、常緑のカラフルなリーフを選べば、彩りある印象になります。

アジュガは黒みがかった常緑の葉が美しいうえ、春に上がるブルーの花穂がみごと

御影石の板石の隙間に、ライムのリシマキア'オーレア'、サギゴケの白花が咲いて明るい印象に

実践 コッツランドストーンでステップ石を敷く

いまある花壇に、コッツランドストーンを組み合わせて、ステップ（飛び石）を作ります。通路だけでなく、水やりなどの作業の足場として活躍します。

コッツランドストーンとは？
イギリスのコッツウォルズ地方で産出する砂岩。やさしいハチミツ色と表面の凹凸が、天然石ならではの素朴な風合い。ガーデナーたちのあこがれの天然石です。

用意するもの
- コッツランドストーン
- 小槌
- 三角ホー
- こうがい板

---

1. ステップ石を敷く

小道のラインは直線にせず、歩幅に合わせて左右にカーブを描きながら石を配置すると、歩きやすく、植物ともなじむ自然な景色になります。

1 スペースをあける
敷石を並べる場所の草花を移し、表面を平らに整地する

2 石を仮置きする
歩幅に合わせて石を仮置きする。隣り合う石が極端な高低差がないように配置する

3 高さを調整する
三角ホーで石の形の印をつける。石を外して石の大きさに合う穴を掘る

4 基礎を固める
穴の底をこうがい板で平らにならし、さらに小槌で叩いて固める

5 石をもどす
ふたたび石を据える

6 石を固定する
石の周囲を突いて固める。狭いところは柄を使う

7 仕上がりを確認する
石の上に乗って、ぐらつきがないか確認する

8 仕上げ
再度石の周囲を小槌で突いて固める

9 完成
石は地面から4～5cmくらい高く見えるように仕上げる

2. グラウンドカバープランツを植えつける

ステップ石のまわりには、草丈が低く這うように横に広がるもの（リシマキア、ゲラニウム、ヘリクリサムなど）と、こんもりと草丈がやや高いもの（ネメシア、リナリア、スカビオサ、エスコルチア、バーベナなど）を性質ごとにグルーピングして数種類選んで組み合わせると、全体がふんわりと包まれるような情景に。カラーリーフを生かして、葉を統一感のある色彩でまとめます。

1　苗の配置と植えつけ
ステップ石のまわりに草花の苗を配置し植えつける

2　植えつけ完了
ステップ石が花壇と一体になっていきいきとした表情が生まれる

新たに植栽したもの
リシマキア'ミッドナイトサン＆リッシー'／宿根ネメシア・ネシア／リナリア・リップルストーン／スカビオサ／エスコルチア・ミニチュアサンデュ／ゲラニウム'セシリフローラムニグリカンス'／バーベナ・ライナ　ライムグリーン／ヘリクリサム・ペティオラレ・バリエガータ

before
多くの花が咲くが、変化のない花壇

after

PART 3
植物だけに頼らない
ガーデングッズの使い方

　植物以外に、実用とデザインを兼ね備えたガーデングッズをとり入れると、植物だけではできない情景が生まれます。たとえば、テーブルとイスをセットすれば、そこは屋外のダイニングスペースに。ベンチを置けば、庭の眺めを楽しみながらくつろげる場になります。

　また、庭を植物だけで作り上げるのはたいへんですが、絵になるガーデングッズを活用することで庭がいちだんと楽しい空間になります。庭の大きさによっては、置けるもの置けないものが出ますが、最近ではグッズの種類も豊富になっていますので、自分の好みや庭の大きさに合わせて選んでください。

鳥かごを模したバスケット
アイビーなどのグリーンを入れて、樹木や棚などに吊るとポイントに

ガーデン用立水栓
おしゃれな立水栓が庭のアクセントになる

オーナメント
バラのアーチ下や、庭の入り口などに対で飾ると整った印象になる

テラコッタスタンド
ブリキ製スタンド鉢などを飾りながら収納できる

ガーデンチェア
樹木の下などにガーデンチェアやベンチなどを置き、青空の下でくつろぎたい。イスは庭のフォーカルポイントに置くと、すてきな情景になる

道具や雑貨がディスプレイされたコーナー

華やかなイエローのキングサリ（高木）をバックに、
アンティーク感のあるガーデンツールや雑貨類は、庭により趣を与えてくれます。

PART 4
庭の魅力がより引き立つ
季節の寄せ植え

　庭のポイントになる場所に、見ごたえのある鉢植えや、季節感のある寄せ植えを配置するだけで、庭の魅力を引き立て、庭の印象を変えることができます。

　寄せ植えは、玄関まわりやテラスなどの土のない場所や、庭植えが困難な場所でも、手軽に季節の草花をとり入れることができます。移動が簡単なのも利点です。

　寄せ植えを効果的に見せるには、まずは楽しむ場所を決め、そこに適したコンテナや植物を選び、飾り方を考えるのがポイント。コンテナ次第で花の見え方や仕上がりの印象も大きく変わります。イメージに合ったものを選び、庭に映える寄せ植えをめざしましょう。

植物選びと見せ方

庭で楽しむコンテナ寄せ植えは、楽しむ場所を決めることからスタートします。
場所に合った植物やコンテナ選びをすれば、景色にもマッチした美しい仕上がりになります。

選び方

①植物に役割をもたせる

植物をバランスよく組み合わせるには、花や葉の形や色、そして草姿をよく理解して用いることがたいせつです。テーマカラーを決め、主役になるボリューム感のある草花から、それを引き立てるサブ的なもの、さらに全体をまとめる小花、メリハリをつけるカラーリーフなど、異なる要素を組み合わせると変化のある仕上がりになります。

②長く咲くものを選ぶ

庭のポイントとなる場所は、つねに人目にふれるので、長く開花し続ける丈夫な品種を選びます。厳しい夏は熱帯性の草花やカラーリーフを、冬は耐寒性のある草花を選び、秋は球根植物を加えると、春に変化のある寄せ植えに。気温の低い晩秋から早春は、草花の生育もゆるやかなので草花を密に、生育旺盛な春から秋は、株間をあけて植えつけましょう。

見せ方

①庭のフォーカルポイントにする

視線のよく集まる場所には、大きめのコンテナを選ぶと、よく目を引き、アクセント効果が高くなります。まわりの植栽に対して、寄せ植えの色合わせを同系色にすると、景色にとけ込みやすく、反対色や鮮やかな色合いは寄せ植えの存在感が強まります。植物の種類は少なくシンプルにすると遠目でも目を引きます。

②花壇の変化づけにする

花壇の中にコンテナをとり入れるのもおすすめです。とくに冬花壇では草丈の低いパンジーやビオラがメインとなり、平面的になります。高さのあるコンテナを加えるとそれだけでポイントになり、立体感のあるコーナーになります。複数のコンテナを楽しむ場合は、コンテナや植物に、色、形など共通する要素をもたせるとまとまりやすくなります。

プリムラで作るウエルカムコンテナ

来客へのおもてなしの意味を込めて、門や玄関まわりに飾る寄せ植えは、「ウエルカムコンテナ」と呼ばれます。冬から春の花が少ない時期に、小さく可憐な草姿ながらもカラフルな花を咲かせるプリムラを使ってアレンジした、春を彩るウエルカムコンテナです。

イエロー Yellow

やわらかな黄花でかわいさ倍増！早春のフラワーバスケット

プリムラが引き立つように小花を選ぶのがポイント。ロータスやバコパの葉もの、やわらかい黄花でふんわりした雰囲気を作り、クローバーで甘くなりすぎないよう引き締めます。水色を差し色にして、さわやかに。種類を多めに植え込み、ナチュラルなかわいらしさを演出します。5月までに花が終わった株を掘り上げて、別の鉢に移植しましょう。

植栽した植物
プリムラ・ポリアンサ'ゴールドレース'／スイセン'テータテート'／クリサンセマム・ムルチコーレ／宿根ブラキカム（イエロー）／ムスカリ・アルメニアカム／ベアグラス／ニオイスミレ／ロータス・ブリムストーン／斑入りバコパ／クローバー

グリーン Green

明るめの緑をグラデーションにみずみずしい大人アレンジ

ボウル型コンテナを使い、ヨーロピアンテイストに。ライムグリーンのプリムラ・マラコイデスを生かすために、明るめのグリーンをグラデーションにします。手前にすっきりとした色みのバコパを使い、シルバー系のラミウム、ライムグリーンのヘリクリサムでみずみずしい雰囲気を出します。プリムラにオダマキを添えて、華やかに。草丈の高低で変化をつけて、動きのあるアレンジにします。

植栽した植物
プリムラ・マラコイデス'ウィンティー'／バイモユリ／セイヨウオダマキ'チョコレートソルジャー'／ヒアシンス／クモマグサ／斑入りバコパ／ラミウム／ヘリクリサム・ペティオラレ・ライム／マトリカリア・ゴールデンモス

実践 たった1回の植え替えで春から秋まで楽しめる
バトンタッチ寄せ植え

寄せ植えを長期間楽しむ手軽な手段として、気候が大きく変わる梅雨前に開花期の異なる草花に植え替えるという方法があります。ここでは、たった1回の植え替えで、早春から晩秋まで楽しめる"バトンタッチ寄せ植え"を紹介。まずは、長く楽しむことを考えて、飽きのこない鉢選びと植物のテーマカラーを決めることからはじめましょう。

ふわっと明るく!
春の訪れを告げる軽やかな装い

主役はピンク色の宿根ネメシア。淡い紫色のスカビオサやルピナスで主役を引き立たせつつ、春のウキウキ感を黄色のコロニラの花で表現。ネメシアも花芯が黄色なので、小気味よく調和します。鉢から枝垂れる斑入りのグレコマや這い性のヘデラで軽やかさを演出。

早春 植えつけ後

6月になると花は終わり、めだたなかったユーカリやユリオプスデージーは伸びほうだいに。植え替える前に、寄せ植え全体を整理する

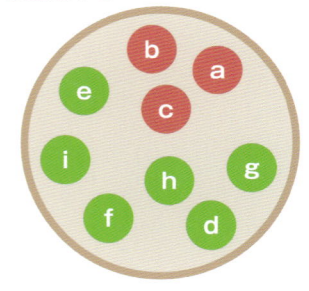

コンテナのサイズ
直径約33cm・高さ26cm

早春〜初夏
植えつけ 3月

- a ユーカリ・グニー
- b コロニラ・バレンティナ・バリエガータ
- c ユリオプスデージー・フィリップス
- d タイム・フォックスリー
- e 斑入りグレコマ
- f ヘデラ'白雪姫'
- g 宿根ネメシア
- h ルピナス・ピクシーデライト
- i スカビオサ'ブルーバルーン'

初夏から晩秋までの寄せ植え
さりげなく可憐に!

大きく育ったユーカリとのバランスを考え、主役は草丈のあるセンニチコウ。横に広がるスカエボラでやわらかさを出し、手前には愛らしいセンニチコスズを配置。初夏から晩秋まで楽しめる寄せ植えに切り替わって、テーマカラーもピンクに変わり、雰囲気も一新。

初夏 植え替え後

全体を切り戻したら、残す植物以外は掘り上げて植え直す。鉢には土を足し、新しい苗を植える準備

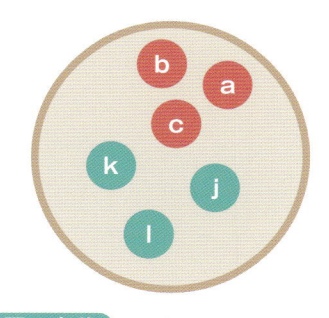

初夏～晩秋
植えつけ 6月

- j　センニチコウ
- k　スカエボラ
- l　センニチコスズ

● オールシーズン植える植物
● 早春から初夏まで植える植物
● 初夏から晩秋まで植える植物

Column ❹

あると役立つ ガーデンツール

庭仕事は、日々の積み重ねがたいせつです。使いやすい庭の道具選びは、メンテナンスの負担を軽くするだけでなく、ガーデンライフを楽しむ要素のひとつです。手になじむ、使い勝手のよいものを見つけましょう。

剪定用ノコギリ
枝を切るときに使う。刃渡り70cmほどの中サイズ、目の粗さも細かすぎないもの、コンパクトになる折りたたみ式が使い勝手がよい。

ガーデニングブーツ
足元を泥や水から守り、快適にしてくれるガーデニングブーツ。ロングタイプのゴム長靴が使い勝手がよい。

ガーデングローブ
手を土や植物のトゲなどから保護する手袋。細かい作業ができる薄手の、手のひらの部分にゴムがついたものがすべりにくくおすすめ。

園芸ばさみ
花がら摘み、切り戻しなどの園芸作業がこなせる万能タイプのはさみ。切れ味のよいものを選び、使用後は付着した樹液などを拭き取り、錆びないよう手入れをする。

三角ホー（鍬）
除草から土の掘り起こし、植え替えなどにも使える。スコップの入らない狭い場所や、植物の株間などの小さな隙間にも使いやすく、1本あると便利な道具。

中型スコップ
金属製で、両手で持つタイプのスコップ。小さな花壇や狭いスペースでの土壌改良などの作業に使いやすい。

じょうろ
水やりに欠かせないじょうろ。注ぎ口の先端の「はす口」が取りはずせるものを選びたい。サイズは、たっぷり5ℓ入るくらいが効率的。

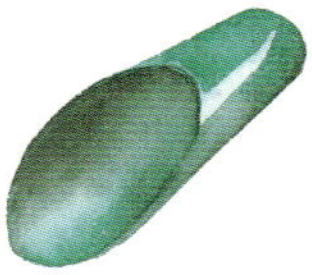

土入れ
鉢に土を入れるときや、寄せ植えのときなど狭い場所に土を入れるときに使うもの。移植ゴテよりも、土をこぼさずに入れられて効率的。サイズは大・小があり、土の量が加減できる。

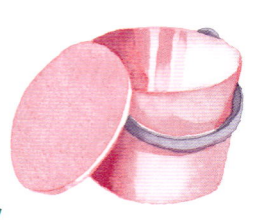

バケツ
土や水を運んだり、用具を入れたり、いろいろ使える。ふたつきでスツール（腰掛け）としても使えるもの、カラフルな色が楽しめるものなどもある。サイズは6〜10ℓが便利。

移植ゴテ
土を掘り返したり、植物を植えつけたりするときに使うもの。剣先の広いものと、細身のものがある。柄の太さが手になじみ、柄と掘る部分のつなぎ目がしっかりしているもの、重すぎないものが使いやすい。

第5章

一年中花がいっぱい
小さな庭の咲き回し

年5回の植え替えで一年中花いっぱい
庭の咲き回し術

いつでも花がいっぱい咲いている庭。
そんな庭はあこがれだけど、ずいぶん手間がかかると思っていませんか。
「草花の組み合わせ」と「植え替えのタイミング」に気をつければ、
一年中花のあふれた美しい庭を楽しむことができます。

庭の咲き回し術とは？

庭の咲き回し術は、低木、宿根草、一年草をうまく組み合わせて、洋服を着回すように"咲き回し"する、とっておきのローメンテナンスな植栽プランです。基本的な作業は、年5回の植え替えで、3タイプの植物を使いこなすことです。一年中、花と緑いっぱいのガーデンライフをスタートさせましょう。

Spring 春の庭

デルフィニウムやジギタリスなど、初夏の主役花が見ごろになった最盛期の花壇。秋から植えつけた株が充実し、春はみごとな花姿となる。オルレアやニゲラなどの小花もボリュームが出て全体をまとめる

Summer 夏の庭

暑さに負けない丈夫な草花が花を休めずに開花し続ける。ブルー系がさわやかな印象

Autumn 秋の庭

ブルー系にオレンジのダリアやサルビアを加えて、彩りがあり、秋めいた印象に

Winter 冬の庭

晩秋から春まで長く咲く花と、初夏に咲く花を同時に植え込む。冬にも咲く一年草で彩りを

年5回の植え替えのコツ

「オールシーズン」と「入れ替え」を組み合わせる

シーズンごとにすべての草花を植え替えるのは、時間と手間と、費用もかかります。「オールシーズン」植えたままにできる宿根草や低木で庭のベースを作っておけば、「植え替え」が必要な草のスペースが少なくなって負担も軽減します。宿根草は一年のうちでも開花時期が短いものが多いので、一年草をローテーションさせて補っていきます。

「大きな植え替え」は5月と11月の年2回

初夏（5月）と秋（11月）の年2回、「大きな植え替え」を行います。5月に初夏から秋、11月に晩秋から春の、それぞれ約半年にわたって開花する草花を組み合わせれば、植え替えも少なく、長期間花を楽しむことができます。夏の暑さと冬の寒さに強い品種を選ぶこともだいじです。

部分的な「スポット植え替え」は必要に応じて、3、7、9月に

開花期は短くても、そのシーズンしか咲かない草花は、庭に季節感を出すためには欠かせません。ボリュームのある開花株を選べば、すぐに楽しめるうえ、庭のポイントに入れれば、少量でも効果的に印象を変えることができます。梅雨明け後は暑さに強い草花に、秋に風情を感じさせる草花を加えます。3月の植え替えは、大きく育ったまわりの草花に合わせて、早めに植え込んで株をなじませましょう。

3つのタイプの植物を使いこなす

楽しむ時期が異なる3タイプの植物を組み合わせることで、季節ごとに表情豊かな庭が実現します。庭全体でバランスよく花を楽しむには、それぞれのタイプの植物を1か所に固めずに、2～3か所に配置することがポイントです。また、植えつけ適期に応じて、植え替えるタイミングを逃さないことがたいせつです。それぞれに当てはまる植物は、右ページのリストを参照してください。

A 「オールシーズン」植えたまま
――寒さや暑さに強い低木・宿根草

エキナセア

暑さや寒さに強く、一年中植えたままにできる丈夫なものを選びます。宿根草は、はじめは小さな苗でも生長するとかなり大型になったり、開花期が短かったりするものも多いので、それぞれの特長をよく理解しましょう。ボリュームが出るものは後方に、常緑と落葉のものを交互に配置するなど、長期的な植えつけ後の草姿の変化をイメージしてレイアウトするのがコツです。

B 「入れ替え」初夏と秋の大きな植え替え
――開花期の長い一年草や一年草扱いの宿根草*

スカビオサ

一年中花を楽しむには、厳しい暑さ、寒さでも開花し続ける植物選びがたいせつです。初夏から秋、晩秋から春の半年にわたって開花する一年草や、一年草扱いの宿根草を適期に植えつけ、しっかり株を育てることで、厳しい夏や冬の季節を過ごしやすくなり、より長く花を楽しむことができます。

*一年草扱いの宿根草：夏の暑さ、冬の寒さに弱く、屋外で生育できない宿根草のこと

C 「入れ替え」季節ごとのスポット植え替え
――季節の変わり目に手に入る開花株

アークトチス

開花期の長い草花ばかりでは、どうしても季節感が薄れます。季節の変わり目に入手できる開花株を効果的にとり入れましょう。草丈、花のボリュームがあってすぐに楽しめるうえ、大きく育ったまわりの草花ともなじみやすくおすすめです。季節のイメージに合った色合いや草姿の草花を選び、夏や冬に傷んでしまった草花の代役も含めて、スポット的に植え替えましょう。

「咲き回し」おすすめ植物の開花期リスト

A 「オールシーズン」植えたまま

A1
常緑／低木・宿根草

観賞期
葉:周年、花:おもに春・秋

植えつけ期
真夏・真冬を除く

記号	植物名	分類	草丈(cm)
a	ローズマリー	低木	20〜200
b	アベリア	低木	30〜150
c	イタリアンラベンダー（フレンチラベンダー）	宿根草	20〜80
d	タイム・フォックスリー	低木	15〜20
e	ベロニカ'アズティックゴールド'	宿根草	10〜15
f	ラゴディア・ハスタータ	低木	50〜100
g	リシマキア'ミッドナイトサン'	宿根草	10〜15

A2
落葉／低木・宿根草

開花期
おもに春と秋

植えつけ期
真夏・真冬を除く

記号	植物名	分類	草丈(cm)
h	メギ	低木	30〜200
i	ウツギ	低木	30〜200
j	つるバラ	低木	100〜500
k	木立バラ	低木	40〜250
l	カラミンサ	宿根草	20〜40
m	エキナセア'ホットパパイヤ'	宿根草	50〜70
n	アガスターシェ・ラベンダーマルティーニ	宿根草	30〜50
o	バーベナ・リギダ・ポラリス	宿根草	20〜50
p	コバルトセージ	宿根草	30〜100

B 「入れ替え」初夏と秋の大きな植え替え

B1
初夏植え／長く咲く一年草や一年草扱いの宿根草など

開花期
おもに5〜11月

植えつけ期
5〜6月

記号	植物名	分類	草丈(cm)
あ	ペニセタム・ファイヤーワークス	宿根草	30〜80
い	ガーデンダリア・フーガ・スカーレットファン	球根植物	50〜100
う	セロシア・ステッキー'ソフトオレンジ'	宿根草	15〜25
え	ルドベキア'チェリーブランデー'	宿根草	30〜60
お	アルテルナンテラ・ポリゴノイデス	宿根草	10〜30
か	アンゲロニア・エンジェルフェイス	宿根草	40〜60
き	トレニア・ソラリナ・パープルベール	宿根草	20〜30
く	ペンタス・サマースターズ・サマーラベンダー	宿根草	30〜60
け	ユーフォルビア・ダイヤモンドフロスト	宿根草	30〜40
こ	ネコノヒゲ	宿根草	40〜60
さ	トウガラシ（白斑入り）	宿根草	30〜40
し	トウガラシ'パープルフラッシュ'	宿根草	30〜40
す	ダリア'フローラルスターオレンジ'	球根植物	15〜30
せ	サルビア・スプレンデンス・サクラブルコ	一年草	30〜45

> 植物名に付記した記号（アルファベット、ひらがな、カタカナ）は次ページからの植栽図に対応しています。

B2
晩秋植え／長く咲く一年草や一年草扱いの宿根草など

開花期
おもに10〜5月

植えつけ期
10月中旬〜12月上旬

記号	植物名	分類	草丈(cm)
そ	ハナカンザシ	一年草	15〜25
た	宿根ブラキカム・イエロー	一年草	10〜30
ち	ビオラ'ピーチジャンプアップ'	一年草	10〜30
つ	ストック・ベイビー	一年草	25〜40
て	アネモネ・オーロラ・ブルー	宿根草	20〜40
と	キンギョソウ・トゥイニー	宿根草	20〜40
な	イベリス・スノーボール	宿根草	20〜30
に	パンジー'ナチュレ・ブロンズシェード'	一年草	10〜30
ぬ	ビオラ'ビッツ・ハートカクテル'	一年草	10〜30
ね	シロタエギク'シルバーレース'	宿根草	20〜40
の	カレンデュラ'まどか・フレンチクルーラー'	宿根草	40〜50
は	スカビオサ'ブルーバルーン'	宿根草	15〜30

B3
晩秋植え／初夏に咲く一年草や一年草扱いの宿根草など

開花期
おもに5〜7月

植えつけ期
10月中旬〜12月上旬

記号	植物名	分類	草丈(cm)
ひ	デルフィニウム・オーロラ	宿根草	100〜200
ふ	ジギタリス・キャメロット	宿根草	100〜120
へ	ニゲラ・アフリカンブライト	一年草	40〜60
ほ	オルレア・グランディフローラ	一年草	60〜100
ま	チューリップ	球根植物	30〜70
み	エリシマム'コッツウォルドゼム'	宿根草	20〜70
む	シレネ・ピーチブロッサム	一年草	10〜15
め	ペンステモン・スモーリー	宿根草	40〜60
も	リシマキア・アトロプルプレア'ボジョレー'	宿根草	20〜40
や	宿根リナリア・プルプレア	宿根草	60〜100

C 「入れ替え」季節ごとのスポット植え替え

C1
早春／開花株

開花期
おもに3〜6月

植えつけ期
3月

記号	植物名	分類	草丈(cm)
ア	リナリア・グッピー	一年草	15〜30
イ	アルメリア・バレリーナ	宿根草	40〜50
ウ	アークトチス・グランディス	宿根草	20〜60
エ	エスコルチア・ミニチュアサンデュ	宿根草	20〜40
オ	ルピナス・ピクシーデライト	一年草	20〜40
カ	ローダンセマム'アフリカンアイズ'	宿根草	30〜40
キ	宿根ネメシア・サンサシア	宿根草	20〜30

C2
秋／開花株

開花期
おもに9〜11月

植えつけ期
9月

記号	植物名	分類	草丈(cm)
ク	サルビア・ストリアタ	宿根草	30〜100
ケ	ウィンターコスモス・ゴールドラッシュ	宿根草	30〜100
コ	コスモス・ピンクポップ	一年草	30〜80
サ	宿根ネメシア・アレンジラベンダー	宿根草	20〜30

Spring 春の植えつけ

華やかにボリュームアップ

3月は、気温の上昇とともに草花の生育も活発になり、植えつけに最適なシーズン。季節の開花株や宿根草の苗など、種類もさまざま入手できます。ここでは、まっさらな状態から植えつけをはじめます。既存の庭への植え込みからスタートする人は、「秋のスポット植え替え」（P114）を参考に、部分的に植物を植え替えましょう。

3月中旬

土づくり前の庭、ここからスタート！
既存の庭なら植物の整理が済んだところ。枯れた植物などがあれば抜き取り、地表面の掃除をすると、あいたスペースもわかり、草花のボリュームがどのくらい必要なのかなども把握しやすくなります。ポット数の目安は1㎡当たり20〜25ポット。

必要な草花の植えつけが完了
すぐに楽しめる開花株と、初夏まで開花を待つ宿根草を交互にバランスよく配置すると、花が途切れず、さみしくなりません。苗から開花までに草姿が大きく変わるものは、十分に株間をあけましょう。株間が気になるときは、そこだけ季節の開花株を入れることもできます。

土づくりに必要なもの

使用する土壌改良材

堆肥は土質に合わせて量を加減します。上左から、鹿沼土、腐葉土、牛ふん堆肥、下左から苦土石灰、元肥、ケイ酸塩白土

改良材は順番に、均等になるよう花壇全体にばらまいて、土にすき込む

土壌改良材の役割
鹿 沼 土：通気性・排水性を改善
腐 葉 土：排水性を改善
牛ふん堆肥：微生物のすみやすい土に改善
苦 土 石 灰：酸度調整
ケイ酸塩白土：根腐れ防止

春の庭の植栽図

※植物名はP109の表を参照ください

- 🔴 :Aタイプ（オールシーズン植えたまま）
- 🟢 :Bタイプ（初夏と秋の大きな植え替え）
- 🔵 :Cタイプ（季節ごとのスポット植え替え）
- ♡ :春から植えたままにするもの

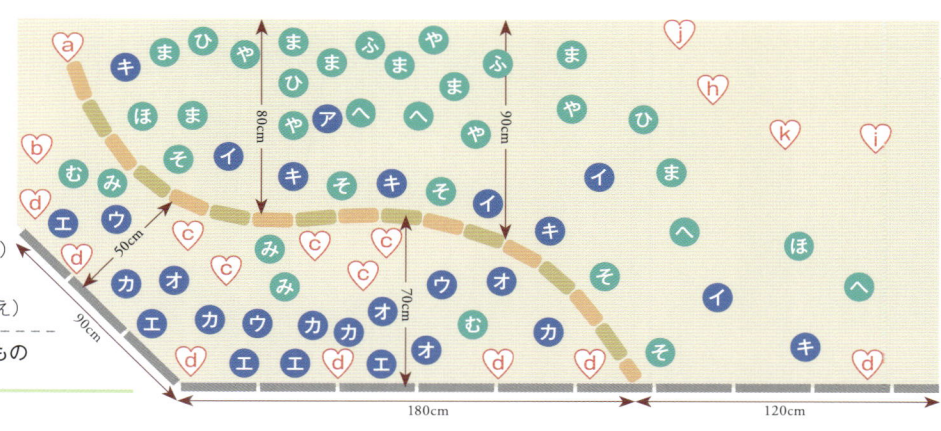

3月に植えつけた芽出し球根が開花

チューリップが開花。春咲き球根は、宿根草と同じく季節を感じさせてくれます。定期的に植え替える植物タイプB、Cのような植物の近くにはチューリップのような1年で入れ替える球根がおすすめ。植物タイプAのような植えっぱなしにする植物のまわりには、スイセンなどのように掘り起こす必要のない球根を選びましょう。

5月上旬

少しずつ表情を変えながら花盛りを迎えた庭

しっかりとした花穂のデルフィニウムが存在感を発揮しつつ、淡いラベンダー色がやわらかな印象。ジギタリスやアルメリアなどの濃いピンクの花をオルレアの白花がふんわりとまとめます。

5月中旬

デルフィニウムと入れ替わってジギタリスが主役に。フェンスのつるバラも見ごろ

（次ページに続く）

Summer 夏の大きな植え替え

夏向きの草花を早めに植えつけ しっかり株を根づかせる

初夏から秋にかけて咲き続ける、暑さに強い草花を中心にセレクト。夏は花の種類も少なくなるので、カラーリーフや実ものもプラスすると、彩り豊かに。本格的な夏が来る前に植えつけて、しっかり根づかせることが夏越しを成功させるコツです。

6月上旬

初夏の花がひととおり咲き終わったころ。一年草の枯れた姿もめだちます

移動させる草花を掘り上げる

暑さが苦手な植物を抜き取ります。抜き取るときは根を残さないように。株の状態を見て、枯れてしまった植物などもチェックします。

改良材を加えて栄養分を補う

約半年経過し、使われた栄養分や有機質などを補うために土に腐葉土と元肥を加えます。土壌改良材が土にまんべんなく行き渡るようにすき込み、狭いスペースは、三角ホーを用いましょう。

暑さが苦手な植物は鉢で「夏越し」

高温多湿が苦手な草花は、花も休みがちに。春から大きく茂った状態だと蒸れやすくもなるので、切り戻しを行い、株を小さくして負担を軽減。掘り上げて風通しのよい半日陰地に移動させると夏越ししやすくなります。

ひととおり花の咲き終わった宿根ネメシア。根を切らないように、大きめに掘り上げる

スリット鉢に植え替え、たっぷりと水をやり、風通しのよい場所で養生する

蒸れを防ぐための「切り戻し」

梅雨と高温多湿は植物にとって過酷。蒸れが苦手な草花は、梅雨入り前に切り戻しをして風通しよくしておきましょう。株に負担をかけないように、下葉は残すように切り戻すことがたいせつです。

6月上旬

大きく茂ったタイム。このままでも美しいが、風通しが悪くなり、蒸れの原因になる

伸びた部分を中心に、全体の半分〜1/3を切り戻す

夏の庭の植栽図

※植物名はP109の表を参照ください

- ● :Aタイプ（オールシーズン植えたまま）
- ● :Bタイプ（初夏と秋の大きな植え替え）
- ● :Cタイプ（季節ごとのスポット植え替え）
- ◇ :夏から植えたままにするもの

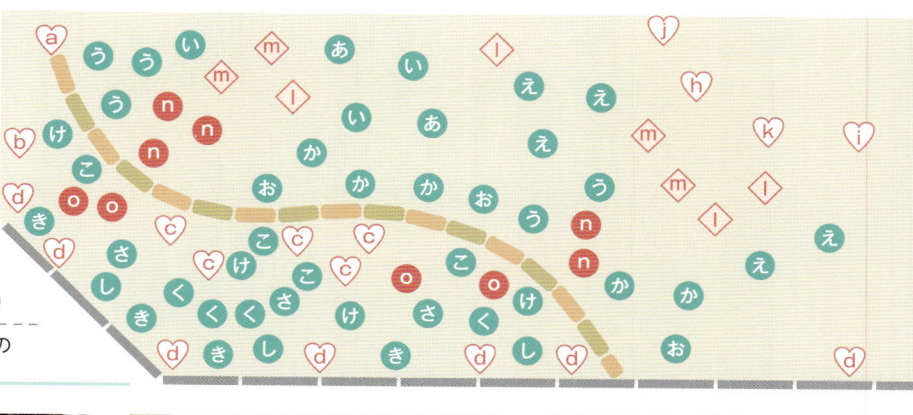

土を平らにならす
表面がでこぼこしていると乾きむらが出て、均一な水の管理ができないため、土の表面を平らにならします。このとき木の板を用いると便利です。

残すものだけをそのままに、整地完了
植えつけ準備ができました。暑さに耐えられるものだけを残したので、さっぱりとした印象。これからいよいよ植えつけです。

ポット苗を配置しながらレイアウトを決める
庭でいちばん目線が集まる場所を見つけ、大輪で花数が多くボリュームのあるものなど、主役となる植物から配置。まずはポットのまま苗を配置し、少し退いたところから全体のバランスを確認します。

植えつけ直後の様子。夏にかけて旺盛に生長するので、この季節は株間を十分にあけます。カラーリーフも美しいトウガラシがアクセント。

生育旺盛な草花であっという間に花盛りに

夏の暑さにも負けず、旺盛に生育。パープル系の草花をメインにすると、見た目もさわやかな清涼感のあるコーナーに。全体を明るくまとめてくれる白い小花のカラミンサも欠かせません。

8月下旬

（次ページに続く）

Autumn 秋 のスポット植え替え

傷んだ株の植え替えも兼ねて季節感をプラス

残暑も残るなか、少し秋の花も見たいころ。イメージチェンジを兼ねて、部分的に植物を入れ替えます。夏の暑さで傷んだ株の植え替え、花壇全体のバランスをみながら秋の草花をとり入れましょう。

ポイントとなる場所の植物を植え替える

9月上旬

植物がよく茂った夏の終わり。花はまだまだきれいに咲いている

抜き取った場所にできたスペースを確認する

新たに追加する草花は、ボリュームのある開花株を選ぶと、まわりとなじみやすく、すぐに楽しめる

植え替え場所を決めたら、植わっている草花を根ごと掘り上げる。掘り上げた草花は、コンテナや別の場所に植えつける

パープル中心のコーナーにオレンジ色が効果的に入り、コントラストが鮮やかな真新しい雰囲気に。色を追加する場合でも、全体を2～3色に抑えておくとすっきりとまとまる

11月中旬

秋の風情を感じさせる花壇に様変わり

伸びやかに茂ったペニセタムの花穂が季節感を際立たせます。全体的に小花ですらりとした草姿が多く、自然な雰囲気の味わい深いコーナーに。

秋の庭の植栽図

※植物名はP109の表を参照ください

- ●：Aタイプ（オールシーズン植えたまま）
- ●：Bタイプ（初夏と秋の大きな植え替え）
- ●：Cタイプ（季節ごとのスポット植え替え）
- ▲▲▲：秋に植えつけたもの

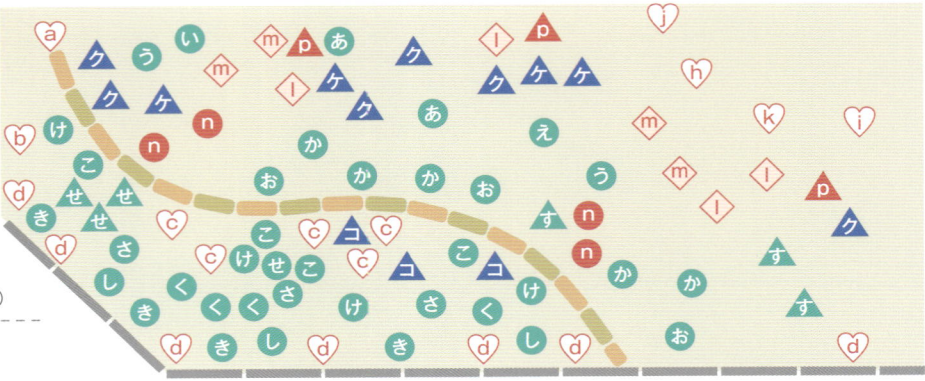

Late Autumn 冬前の大きな植え替え

耐寒性のある草花をメインに春の仕込みも行う

11月下旬

晩秋から春に長く開花する、寒さに強い草花を中心に選びました。このとき、初夏に開花する宿根草もあわせて植えつけます。秋からじっくり株を育てると、株が充実して翌年の初夏にはみごとな草姿になります。

花が終わった草花を抜き取り、土壌改良から整地まで行う

耐寒性のない植物は掘り上げ、霜のあたらない暖かい場所で、鉢で冬越しさせます。
残す常緑性の植物は、新しい植物を植えつける前に軽く切り戻して、姿を整えておきましょう。

開花が終わり、枯れ枝が見えはじめたカラミンサ

株元の新芽を残して地際でカットする

新芽だけをきれいに残す。こうしておくと、春の新芽の位置もそろって草姿も整う

枯れた部分は切り戻し、コンパクトにして「冬越し」

宿根草のなかには、地上部は枯れ込んでも、株元に新芽が残って冬越しするものもあります。春に新芽がいっせいに芽吹き、美しい草姿を楽しむために、冬のうちに古い枝を整理しましょう。

12月上旬

冬でもさみしくない明るいウインターガーデン

植えつけが完了。このまま春まで楽しみます。晩秋から春まで長く開花する草花をとり入れれば、冬のあいだも華やかになります。

早春になったらスポット植え替えすると、春らしさがアップ！

冬の庭の植栽図
※植物名はP109の表を参照ください

- ●:Aタイプ（オールシーズン植えたまま）
- ●:Bタイプ（初夏と秋の大きな植え替え）
- ●:Cタイプ（季節ごとのスポット植え替え）

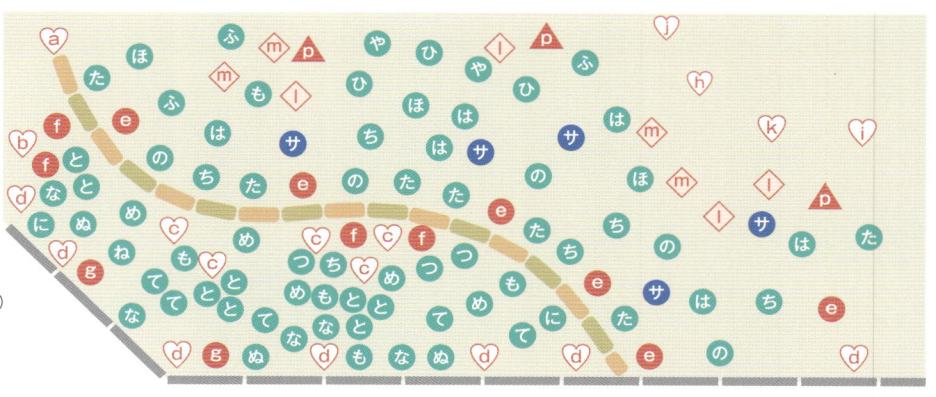

植物図鑑

ルドベキア'チェリーブランデー'
Rudbeckia 'Cherry Brandy'

キク科オオハンゴウソウ属（ルドベキア属）　一年草

花期：5～10月　　草丈：30～60cm
日照：ひなた～半日陰　　水分：適湿
特長：ワインレッドの花がシックな印象に。夏を彩る貴重な大輪花。派手になりすぎず、落ち着いた花色とほどよい草丈で庭にも植え込みやすい。

ベゴニア・タブレット
Begonia Semperflorens

シュウカイドウ科シュウカイドウ属（ベゴニア属）　非耐寒性宿根草（一年草）

花期：4～11月　　草丈：15～40cm
日照：ひなた～半日陰　　水分：適湿
特長：銅葉に八重咲きの花が際立つ。花は小さなボール状で、愛らしい印象。草姿も乱れにくく、こんもり茂る。真夏は直射日光を避けられる場所がよい。晩秋までしっかり開花する。

トウガラシ'パープルフラッシュ'
Capsicum annuum 'Purple Flash'

ナス科トウガラシ属　非耐寒性一年草

観賞期：6～11月　　草丈：30～40cm
日照：ひなた　　水分：やや湿潤～適湿
特長：黒に紫の斑入り葉が美しく、小さな丸い実がつく前からカラーリーフとして楽しめる。コンパクトでこんもりまとまる。暑さに強く、花がら摘みもいらず長く楽しめる。

トレニア'カタリーナ・ブルーリバー'（栄養系）
Trenia hybrida 'Catalina Blue River'

ゴマノハグサ科ツルウリクサ属（トレニア属）非耐寒性宿根草（一年草）

花期：4～10月　　草丈：20～30cm
日照：ひなた～半日陰　　水分：やや湿潤
特長：這うように旺盛に広がり、よく分枝して節々に花を咲かせる。株間を十分とると草姿が映える。明るい半日陰でも楽しめる。花がら摘みをこまめに行うと、花が次々咲く。

一年草、一年草扱いの 多年草〈初夏〜秋〉

ペンタス'ライカブルー'
Pentas lanceolata 'Leica Blue'

アカネ科クササンタンカ属（ペンタス属）　非耐寒性宿根草（一年草）

花期：5〜11月　　草丈：20〜60cm
日照：ひなた　　　水分：適湿
特長：ボリューム感のある八重咲きながら、すっきりした花形。伸びすぎたら、そのつど切り戻すと蒸れも予防できる。暑さに強く、夏のあいだ休まずに繰り返し開花する。

コリウス・マーティー
Solenostemon scutellarioides

シソ科コリウス属　非耐寒性宿根草（一年草）

花期：4〜10月　　草丈：30〜70cm
日照：ひなた〜半日陰　水分：適湿
特長：夏をカラフルに彩るのに欠かせないカラーリーフ。ライム系はとくに遠目でもめだち、明るい印象に。数種を組み合わせても美しい。こまめにピンチすると葉数が増えてより美しくなる。

アンゲロニア'エンジェルフェイス'
Angelonia 'Angel Face'

オオバコ科アンゲロニア属　非耐寒性宿根草（一年草）

花期：5〜10月　　草丈：30〜80cm
日照：ひなた　　　水分：やや湿潤
特長：アンゲロニアのなかでも花が大きく、ほどよい草丈もあり、夏の庭を華やかにする。高温多湿に強く、休まず咲き続ける。次々咲くので、こまめな花がら摘みを行う。

センニチコウ'オードリー'
Gomphrena globosa 'Audrey'

ヒユ科センニチコウ属（ゴンフレナ属）　非耐寒性一年草

花期：6〜10月　　草丈：15〜60cm
日照：ひなた　　　水分：適湿
特長：庭に加えると丸みのある花がアクセントになり、繰り返し植えるとリズミカルな印象になる。暑さに強く、草丈とボリューム感もあるので、夏の庭の補植にも最適。

植物図鑑

パンジー&ビオラ
Viola×wittrockiana

スミレ科スミレ属　耐寒性一年草

花期：10〜5月　　　草丈：10〜30cm
日照：ひなた〜半日陰　水分：適湿
特長：冬花壇の定番。カラフルな花色で、好みのカラーコーディネートが楽しめる。中間色は、ほかの色とも組み合わせやすい。秋のうちに植えつけて株を根づかせると、冬の花つきがいちだんとよくなる。

ストック・ビンテージ
Matthiola incana

アブラナ科アラセイトウ属　耐寒性一年草

花期：1〜4月、11〜12月　草丈：30〜50cm
日照：ひなた　　　　　　水分：適湿
特長：シルバーリーフは花壇全体を明るく見せる。パンジーやビオラよりも高い草丈で、組み合わせやすい。色も豊富。よく枝分かれするので、咲き終わったら早めにわき芽で切る。

ローダンセマム'アフリカンアイズ'
Rhodanthemum 'African Eyes'

キク科ローダンセマム属　耐寒性多年草

花期：10〜4月　　草丈：40cm
日照：ひなた　　水分：適湿
特長：シルバーリーフに長い花茎をたくさん立ち上げる草姿も美しい。株まわりには草丈の低いものを合わせて、数株まとめて植えると、草姿が強調されてより美しくなる。

イベリス・センペルビレンス
Iberis sempervirens

アブラナ科マガリバナ属（イベリス属）　耐寒性宿根草

花期：12〜5月　草丈：20〜30cm
日照：ひなた　　水分：乾燥ぎみ〜適湿
特長：濃いグリーンに純白の花が際立つ。小さな花が集まって華やか。こんもりとドーム型に茂る。花壇の手前の寄せ植えにも使いやすい。

一年草、一年草扱いの 多年草〈晩秋～春〉

シロタエギク'シラス'
Senecio cineraria 'Cirrus'

キク科セネキオ属　耐寒性宿根草

花期：1～12月　　草丈：10～30cm
日照：ひなた　　　水分：適湿
特長：丸葉は、いっそうシルバーリーフを美しく見せてくれる。草花の間に入れると全体をすっきりと見せ、花も美しく見せたり、全体を明るくしたりする効果がある。

キンギョソウ・ソネット
Antirrhinum majus

オオバコ科キンギョソウ属（アンティリナム属）　耐寒性宿根草（一年草）

花期：9～6月　　草丈：30～60cm
日照：ひなた　　水分：適湿
特長：高い草花の少ない冬花壇に貴重な高性のキンギョソウ。クリアな花色も充実しているので、花色に合わせて楽しみたい。秋に植えると、春の開花はいっそうみごとになる。

ハナカンザシ
Helipterum roseum

キク科ローダンセ属　半耐寒性一年草

花期：2～5月　　草丈：15～25cm
日照：ひなた　　水分：乾燥ぎみ
特長：カサカサした質感が魅力。つぼみのうちはピンク色のがくから楽しめる。ふんわりとしたボリューム感ある草姿。咲き終わったら切り戻す。白い小花は合わせる草花を選ばない。

ミニハボタン
Brassica oleracea Acephala Group

アブラナ科アブラナ属（ブラシカ属）耐寒性宿根草（一年草）

花期：11～4月　　草丈：10～40cm
日照：ひなた　　水分：適湿
特長：寒さに強いので、冬のシーズンにカラーリーフとしてとり入れたいひとつ。コンパクトな仕立ては小さなバラのように愛らしい。冬のあいだは姿が変わらないので、葉どうしが触れ合うほど密に植えると美しい仕上がりになる。

知っておきたい！ 夏の対策

夏を迎えると、植物も気候の急激な変化についていけずに勢いを失ってしまうものが出てきます。とくに、原産地の気候とかけ離れた場所で育っている植物にとって、日本の夏は過酷な環境です。水やり、水はけ、直射日光、温度上昇、風通しをチェックして、上手に夏を乗り越えましょう。

1. 水やりの仕方に注意する

時間帯と水を与えるタイミングがポイント

水やりは、簡単なようで植物の状態を左右するほどたいせつな作業です。夏は、高温や強い光で株が弱り、水を吸収する力が落ちやすくなります。水やりは、早朝から気温が上がる午前10時ごろまでか、涼しくなる夕方に行うと、植物がスムーズに吸水できます。鉢植えでは、日中の水やりは鉢の中が熱くなってしまい、根を傷めて根腐れすることがあるので注意が必要です。

見分け方 土の表面を指で触ってさらっとしていたら水のやりどき

対策 「乾いたらたっぷり」が基本

水やりは、規則的に行うのではなく土の表面が乾くまで待ってから、根に水が行き届くまで十分に与える「乾いたらたっぷり」が基本です。庭植えでは、土の表面が白っぽくなり、手で触れてさらっとしていたら水のやりどきです。水やりで「控えめに」「乾かしぎみに」というのは、1回に与える水の「量」ではなく、「間隔」をあけることです。

水やりは、乾燥と水分のメリハリが重要です。土の表面だけを湿らすような水やりは、地表ばかりに根が張ってしまい、水切れしやすい株になります。正しい水やりを繰り返すことで、根は水分を求めて深く伸び、水切れに強い植物になります。

○ **土が乾くまで待ってからの水やり**
根が水を求めて深く伸び、水切れに強い株となる

× **表面だけがぬれるような水やり**
水がある地表ばかりに根が張って、水切れを起こしやすい株になる

庭植え

水は細かなシャワー状にして、植物の株元に向けて水やりします。強い水圧は、泥はねを起こしたり、植物の根を傷めたりするので避けます。

日当たりのよい場所では、ホースにたまっている水が熱をもっているので要注意。ホースにたまった温水を一度捨てて、手で水温を確認してから水やりする

鉢植え

じょうろで水やりするときは、はす口をはずして、株元に直接水を与えます。鉢底から水が流れるまで与えるのがポイントです。

軽く茎葉を持ち上げ、花や茎に水をかけないようにする

120

2. 温度を上げない工夫をする

植物にも過ごしやすい温度がある！

多くの植物の生育に適した温度は15〜25℃です。30℃以上になる夏の高温時に強い直射日光が降り注ぐと、生育が散漫になります。夜になっても気温が25℃以上の熱帯夜が続くと、枯れ込む植物もあります。

対策A　葉水をして体温を下げる

水を株全体にかけて体温を下げます。日中の葉水は、逆に葉を傷めることにもなるので避けます。夕方が効果的ですが、夜間の徒長を防ぐために、土が湿る程度にとどめましょう。

対策B　打ち水をして、まわりの温度を下げる

コンクリートに囲まれたベランダなどの熱を蓄えやすい場所は、打ち水もあわせて行うと効果的です。水が蒸発するときに、気化熱としてまわりの熱が奪われるので、周囲の温度を下げることができます。

強めのシャワー状の水で葉の裏まで葉水をすると、植物の体温を下げるとともにハダニの予防にもなる

3. 鉢植えはひと工夫するだけで、驚くほど元気に

鉢植えの場合、高温下での水やりは根を傷め、根腐れを起こす原因になるので、日ざしの強い日は避けます。また、鉢の中の温度は外気の影響を受けやすく、とくに鉢の表面に強い日光が当たると根のまわりの温度が急上昇し、根を傷めてしまいます。熱を受けやすい小さな鉢は注意が必要です。次のような方法で、鉢植えを暑さから守ることができます。

対策　ポットフィートや木箱でコンクリート熱をブロックする

コンクリートの上に鉢を直接置くと、強い光の照り返しやコンクリートに蓄えられた熱の影響を受けます。コンクリートの上に、ポットフィート（鉢をのせるための小さな足台）やレンガを置いて、鉢と地面の間に隙間を作って鉢底からの熱を遮断しましょう。通気性や排水性がよくなり、病害虫対策にもなります。

ポットフィートは鉢の大きさに合わせて、2〜4個合わせて使う。鉢どうしは葉と葉が触れないようにスペースを確保すると、草姿も美しく見える

木箱の下にレンガを置くと、雑貨店のディスプレーのようにかわいらしい花台を簡単に作ることができる。木は熱を伝えにくく、鉢を熱から守ってくれる

> **受け皿の水はためずに捨てる！**
> 水切れを起こさないようにと、受け皿に水をためておくと、水に直射日光がさし込んで熱せられ、鉢底の根を傷めることになります。水やりで受け皿にたまった水は、すぐに捨てるようにしましょう。

受け皿はつねに空の状態にする

知っておきたい！ 夏の対策

4. 強い日ざしから守る

夏の強い日ざしは植物を傷め、葉焼けを引き起こす

夏の午後の強い日ざしは、日中の気温も高いので「葉焼け」を引き起こしやすくなります。さらに西日がさす場所は、夕方まで日が当たって長時間高温状態が続き、夜の温度も下がりにくくなる原因にもなります。

葉焼けとは？
葉や茎の緑が薄くなったり、枯れてしまったりすること

対策　午後からの強い日ざしを避ける

地植えでは、西側にトレリスやよしず、遮光ネット（遮光率50％前後）などを張りましょう。気温の上昇も抑えることができるうえ、遮光によって土の乾燥を防ぎ、水やりの回数も減らすことができます。鉢植えの場合は、「二重鉢」にして鉢と鉢の間に湿らせた土を入れると断熱効果をもたらし、さらに土の水分が蒸発するときの気化熱によって温度を下げてくれます。内側の鉢には直射日光が当たらないので、急激な温度変化も抑えられます。

よしずで遮光
よしずを立てかければ手軽に遮光できる。よしずと植物との間はスペースをとって風通しを確保する

木陰に移動させる
強い日ざしが苦手な植物は、午後から直射日光が当たらない東側や風通しのよい木陰へ移動させる

二重鉢でクールダウン
鉢ごとひと回り大きな鉢の中に入れて二重鉢に。水やりは、表土が乾いたら外側の土にもたっぷりかける

5. 切り戻して夏バテさせない

適切な手入れで、暑さに負けない丈夫な株に！

植物は、厳しい環境では夏バテしやすく、加えて、水切れ、根腐れ、葉焼けを引き起こしたものは、病害虫の被害を受けやすくなります。夏を乗りきるには、「できるだけ涼しく」「植物を疲れさせない」ように心がけ、初夏から暑さに負けない丈夫な株を作っておくことがたいせつです。

対策　株をコンパクトにして、夏越ししやすくする

初夏以降は、枝葉がしっかり茂るので、思いきって大きく切ることがたいせつです。このとき、かならず葉を残すようにします。葉が少なく茎だけの状態になると、植物は光合成（日光から栄養を作ること）ができずに、夏バテした株をさらに弱めてしまい、ひどい場合は枯れることがあります。秋まで長く咲き続ける草花は、8月中旬ごろまでに切り戻しておくと、約1か月後からふたたび開花して、秋に美しい花姿を楽しむことができます。

初夏から咲き続けた草花は、伸びすぎて全体のバランスが悪くなっている

草丈の1/2～1/3に切り戻す。しっかりした葉の上にあるわき芽の上で、はさみを入れる

切り戻し完了。薄めの液肥を施して、わき芽の伸長を促す

122

6. 水はけのよい土に改善する

水たまりができる庭は要注意

　水やりの頻度の多い夏は、土を水はけをよくしておくことで、根腐れを予防できます。乾きやすくなるので、過湿を気にせずにたっぷり水やりができ、地温も下げることができます。

対策A　水はけのよい土にケイ酸塩白土をプラス

　水はけをよくする腐葉土やパーライトに加え、ケイ酸塩白土を1割ほど土に混ぜると、根腐れ防止の効果が高まります。植物が弱っているときは、水1ℓにケイ酸塩白土1gを溶かして、じょうろで与えてもよいでしょう。

a **ケイ酸塩白土**：ミネラル分豊富な白土を乾燥処理したもの。浄水や根腐れ防止効果がある
b **腐葉土**：落ち葉を発酵熟成させたもの。微生物やミミズのはたらきを活性化させ、水はけや肥料もちをよくする
c **パーライト**：真珠岩など高温高圧で処理した多孔質の石。水はけをよくする

対策B　効果いろいろ！マルチングを使い分ける

　土の表面にマルチングをすると、地温の上昇を抑えて乾燥をやわらげることができます。また、雑草の発生を抑制したり、雨水のはね返りを防いだりする効果も期待できます。鉢植えでは、バークチップや水苔が使いやすく、面積の広い花壇では、バーク堆肥がおすすめです。マルチングすることで、株元が締まってすっきり見える効果もあります。

a **水苔**：湿原に生えるコケ類を乾燥させたもの。水に浸けてもどしてから使用する
b **バークチップ**：樹皮を小片にしたもの。小ぶりな鉢植えには粒の小さなものがおすすめ
c **バーク堆肥**：樹木の皮部分を発酵させて作った土壌改良材。吸湿性や通気性に優れる

夏は土がよく乾くので、水やりの回数が増えて、土の中の肥料分は流されやすくなる。とくに鉢植えでは、液体肥料を週に1回程度施すとよい

水やりで流されないよう、マルチング材は1〜2cmの厚さに敷き詰める。株元の茎葉を埋めてしまわないように注意！

知っておきたい！ 冬の対策

冬の庭は花が少ないイメージがありますが、
寒さに強く、春まで花が楽しめる晩秋から冬に出回る草花は、意外に豊富です。
冬の庭を美しく彩るためには、「冬の草花選び」＆「寒さ対策」がたいせつです。

冬の庭を美しく彩るコツ

　晩秋から冬に出回る開花した苗の多くは、花を早く咲かせるために暖かい温室で栽培されています。花の苗を入手したら、霜や寒風の当たらない軒下などで1週間程度育て、寒さに慣らしてから庭に植え込みましょう。また、できるだけ早い時期に植えつけたほうが、冬が訪れる前にしっかりと根を張らせて、寒さに強い株になります。

対策A　寒さに強い草花（耐寒性）
→ 寒さにならすために早めに植える

　気温が0℃以下になっても耐えられる草花は、寒さにも負けずに次々花を咲かせ、関東地方以西であれば、庭に植えて冬越しができます。本格的に寒くなる前の12月上旬ごろまでに植えつけましょう。冬は植物の生長が遅いので、最初から株を詰めて植えつけるとボリュームのある花姿がすぐ楽しめます。
〈例〉パンジー、ビオラ、ストック、カレンデュラ、クリサンセマム・ムルチコレ、キンギョソウ、ハボタンなど

対策B　少し寒さに弱い草花（半耐寒性）
→ 霜や寒風の当たらない場所を選ぶ

　気温0℃くらいまでしか耐えられない草花でも、霜や寒風の当たらない軒下などを選べば、冬も花を楽しめます。また、コンテナ植えにして、夜間は軒下などに移動します。植えつけは、11月中に終えましょう。
〈例〉ガーデンシクラメン、バコパ、宿根ネメシア、プリムラ類など

対策C　春咲き球根植物 → 大輪花で華やかに彩る

　春咲きの球根植物が、花つきのポット苗として秋から入手できます。アネモネやラナンキュラスなどの大輪の花は、冬の庭を華やかに彩ってくれます。気温が低いので、花もちもよく長期間観賞できます。春では開花期の短いチューリップも1か月近く楽しめます。
〈例〉アネモネ、ラナンキュラス、チューリップなど

寒さが必要な植物たち

　宿根草や二年草、秋植え球根などの多くは、一定期間、冬の寒さ（低温）にあたることで初めて花芽ができます。寒さにあてないと開花期になっても花が咲きません。これを園芸用語で「バーナリゼーション（春化）」といいます。寒さが必要な植物には、デルフィニウムやジギタリスなどがあげられます。これらの原産地をみると、ヨーロッパや西アジア、北米など、四季がはっきりとして冬が冷涼な地域がほとんどです。こうした地域で育った植物は、寒さに強い反面、日本の高温多湿には弱く、関東地方以西では夏を越せないこともあります。そうした場合は、宿根草でも一年草と割り切って育てるとよいでしょう。

知っておきたい！肥料の成分とはたらき

　植物は、必要な養分が不足すると生育が悪くなります。植物を健やかに生育させ、美しく花を咲かせるために施すのが肥料です。とりわけ植物が多く必要とし、不足しやすい養分が、チッ素、リン酸、カリです。これらは、"肥料の三大要素"と呼ばれ、通常の配合肥料にはかならず含まれています。それぞれのはたらきは、図のとおりです。

　肥料の施し方は、「元肥＋追肥」という組み合わせを基本に考えます。元肥は植えつけるときに事前に施す肥料で、追肥は植物の生長に応じて必要な養分を施す肥料です。春の活動に向けて休眠期に施す「寒肥」もありますが、これも元肥の一種です。元肥はすぐに効果を期待する目的でないため、牛ふんや油かすなどが含まれる有機質肥料をベースにした緩効性肥料*1や遅効性肥料*2を施します。一方、追肥はすぐに効果を期待するため、速効性肥料*3の化成肥料や液体肥料を使用します。発酵油かすの固形肥料などは、元肥にも追肥にも適しています。追肥には、春先によい芽を出させるための「芽出し肥」や、花や実をつけたあとに感謝の気持ちを込めて栄養補給してやる「お礼肥」、鉢土の表面に置く「置き肥」などがあります。

　肥料は、多すぎても少なすぎてもいけません。必要に応じてバランスよく吸収されるのが理想です。肥料の成分とはたらきなどを理解して、目的に応じて使い分けましょう。

*1 **緩効性肥料**
施肥後徐々に効き目が現れ、ある程度の期間長い効果がある

*2 **遅効性肥料**
施肥後効果が現れるまでに時間がかかる肥料。微生物に分解されてから吸収できるようになる有機質肥料などがある

*3 **速効性肥料**
施肥後すぐに効き目が現れるが、持続期間は1週間程度

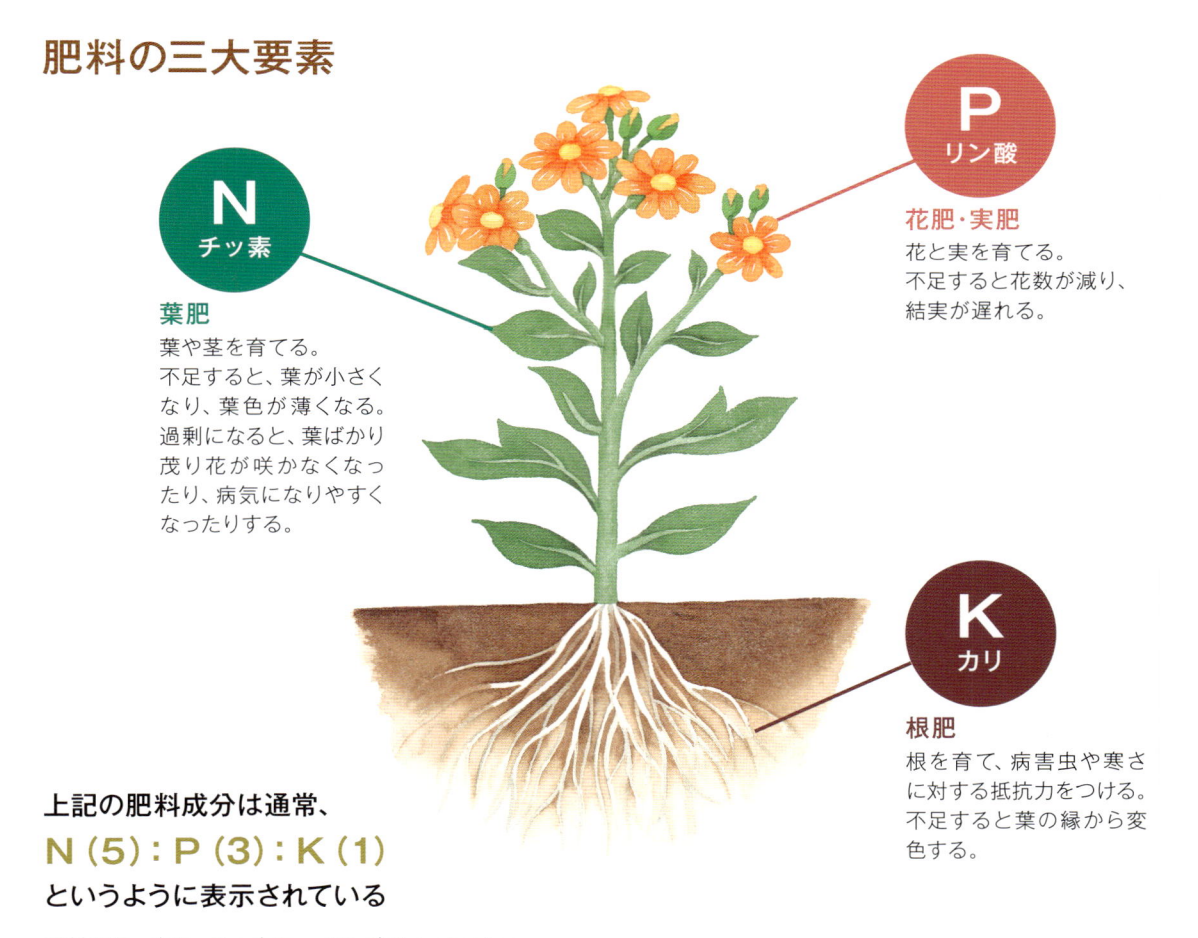

肥料の三大要素

N チッ素
葉肥
葉や茎を育てる。不足すると、葉が小さくなり、葉色が薄くなる。過剰になると、葉ばかり茂り花が咲かなくなったり、病気になりやすくなったりする。

P リン酸
花肥・実肥
花と実を育てる。不足すると花数が減り、結実が遅れる。

K カリ
根肥
根を育て、病害虫や寒さに対する抵抗力をつける。不足すると葉の縁から変色する。

上記の肥料成分は通常、
N（5）：P（3）：K（1）
というように表示されている

肥料100g中に、チッ素5g、リン酸3g、カリ1gが含まれていることを示す。

植物索引

あ

- アークトチス……………………108
- アークトチス・グランディス………109
- アガスターシェ・ラベンダーマルティーニ
  ……………………………………109
- アガパンサス………………………61
- アカンサス・モリス………………82
- アグロステンマ・パープルクィーン………35
- アグロステンマ・桜貝………………34
- アザミ………………………………53
- アジサイ'恋路ヶ浜'…………………81
- アジュガ………………………56、95
- アジュガ・レプタンス…………72、86
- アスチルベ……………………81、83
- アネモネ・オーロラ・ブルー……109
- アベリア……………………………109
- アベリア'ホープレイズ'……………30
- アメリカアジサイ'アナベル'………29
- アルセア・ロゼアニグラ……………61
- アルテルナンテラ・ポリゴノイデス…109
- アルメリア・バレリーナ……………109
- アロカシア…………………………78
- アロニア（オータムベリー）………25
- アンゲロニア・エンジェルフェイス
  …………………………109、117
- イタリアンラベンダー
  （フレンチラベンダー）……93、109
- イフェイオン'ウィズレーブルー'…70
- イベリス・スノーボール…………109
- イベリス・センペルビレンス……118
- イポメア……………………………76
- インパチェンス……………………83
- ウィンターコスモス・ゴールドラッシュ
  ……………………………………109
- ウーリーラベンダー
  （ラベンダー・ラバンデュラ・ラナータ）…30
- ウツギ………………………………109
- エキナセア…………………………108
- エキナセア'ココナッツライム'……60
- エキナセア'ホットパパイヤ'……109
- エスコルチア・ミニチュアサンデュ
  …………………………………97、109
- エノコログサ………………………88
- エリゲロン・カルビンスキアヌス…58
- エリシマム'コッツウォルドゼム'…59、109
- オオデマリ…………………………80
- オオデマリ'ジェミニ'…………27、29
- オリーブ'シプレッチーノ'…………25
- オルレア・グランディフローラ…49、93、109
- オレガノ'ロタンダフォーリア'……93

か

- ガーデンダリア・フーガ・スカーレットファン
  ……………………………………109
- ガウラ'リリポップピンク'…………60
- カタナンケ…………………………34
- カタバミ……………………………88
- カメリア'エレナ・カスケード'……28
- カラミンサ…………………………109
- カレンデュラ'まどか・フレンチクルーラー'
  ……………………………………109
- カンナ………………………………74
- カンパニュラ・パーシシフォリア
  （モモバキキョウ）………………49
- カンパニュラ・メディウム………34、36
- 木立バラ……………………………109
- ギボウシ………………………56、81
- ギリア・トリコロール………………36
- キンギョソウ・ソネット…………119
- キンギョソウ・トゥイニー………109
- キングサリ（キバナフジ）…………99
- クジャクアスター……………………55
- クモマグサ…………………………101
- クラスペディア………………………34
- クリサンセマム・ムルチコーレ…101
- クリスマスローズ……57、68、69、82
- グレコマ（斑入り）………………102
- クローバー…………………………101
- クロッカス………………………71、75
- クロトン……………………………76
- ケマンソウ'ゴールドハート'………83
- ゲラニウム'ジョンソンズブルー'…58
- ゲラニウム'セシリフローラムニグリカンス'
  ……………………………85、97
- 原種チューリップ……………70、72
- コスモス・ピンクポップ…………109
- コバルトセージ…………………52、109
- コリウス……………………………76
- コリウス・マーティー……………117
- コルジリネ…………………………76
- コロニラ・バレンティナ・バリエガータ
  ……………………………………102

さ

- サニーレタス………………………50
- サルビア・アズレア…………………61
- サルビア・ストリアタ……………109
- サルビア・スプレンデンス・サクラブルコ
  ……………………………………109
- サルビア・ミスティックスパイヤーズ…52
- ジギタリス……………………37、111
- ジギタリス・キャメロット………109
- ジギタリス・プルプレア………34、36
- ジギタリス・プルプレア・パープル…61
- 四季なりイチゴ……………………50
- シャクナゲ'ウエディング・ブーケ'…28
- シュウメイギク………………56、83
- ジューンベリー………………………24
- シレネ・ピーチブロッサム………109
- シロタエギク'シラス'……………119
- シロタエギク'シルバーレース'…109
- シロバナサギゴケ……………………86
- シンバラリア・アエクイトリロバ…85
- スイートアリッサム…………………95
- スイスチャード………………………50
- スイセン'カムラーデ'………………74
- スイセン'ガリル'……………………66
- スイセン'テータテート'……………101
- スイセン'バルボコジューム'………69
- スカエボラ…………………………103
- スカビオサ……………93、97、108
- スカビオサ'パーフェクタアルバ'…60
- スカビオサ'ブルーバルーン'…102、109
- スギナ………………………………88
- スキミア'ルベラ'……………………29
- スズメノカタビラ……………………88
- ストック・ビンテージ………62、118
- ストック・ベイビー………………109
- ストロビランテス・ダイエリアヌス…78
- スノードロップ………………68、75
- スモークツリー'ロイヤルパープル'…24
- セイヨウイワナンテン'アキシラリス'…31
- セイヨウオダマキ'チョコレートソルジャー'
  ……………………………………101
- セイヨウオダマキ'ノラバロー'……36
- セイヨウオダマキ'バロー'…………59
- セリンセ・マヨール…………………48
- セリンセ・マヨール'パープルベル'…93
- セロシア・ステッキー'ソフトオレンジ'
  ……………………………………109
- セロシア・スマートルック…………79
- セントーレア…………………………79
- セントランサス………………………37
- セントランサス'コッキネウス'……49
- センニチコウ………………………103
- センニチコウ'オードリー'………117
- センニチコスズ……………………103
- ソヨゴ………………………………25

た

- ダイアンサス'スープラ'……………53
- ダイアンサス'ダイナスティ'………36
- ダイアンサス'ノベルナクラウン'…53
- ダイアンサス'ブラックペアー'……36
- タイム・フォックスリー…102、109
- ダリア'フローラルスターオレンジ'…109
- ダリア'マダムダリア・ベラクルズ'…74
- チェイランサス'コォッツウォールドゼム'…93
- チオノドクサ……………………68、70
- チコリー……………………………50
- チューリップ……………………27、109
- チューリップ'アルマーニ'…………64
- チューリップ'オキュラータ'………70
- チューリップ'サッポロ'……………65

チューリップ'サンネ' ……………… 63	バラ'ジュード・ジ・オブスキュア' ……… 47	ムスカリ・アズレウム ……………………… 75
チューリップ'スプリング・グリーン' …… 65	バラ'デプレア・フルール・ジョーヌ' …… 46	ムスカリ・アルメニアカム ……………… 101
チューリップ'ダンシングショー' ………… 65	バラ'ニュー・イマジン' …………………… 47	ムスカリ'レディーブルー' ……………… 70
チューリップ'ニューデザイン' …………… 63	バラ'バフ・ビューティー' ………………… 33	メギ ……………………………………… 109
チューリップ'ビリチック' ………………… 65	バラ'ピエール・ドゥ・ロンサール' ……… 46	メギ'アトロブルブレア' …………………… 31
チューリップ'フレーミングフラグ' ……… 62	バラ'ペッシュ・ボンボン' ………………… 47	
チューリップ'ポールシェラー' …………… 64	バラ'ペネロープ' ……………………… 36、47	**や**
チューリップ'ロココ' ……………………… 64	バラ'ローブリッター' ……………………… 36	ヤツデ ……………………………… 78、80
ツリージャーマンダー …………………… 31	バラ'ロココ' …………………………… 34、46	ヤブガラシ ………………………………… 88
ツリバナ …………………………………… 25	バレバリア'グリーンパール' ……………… 69	ヤマボウシ'ブルーミングメリーテトラ'
つるバラ ………………………………… 109	パンジー'ナチュレ・ブロンズシェード'	………………………………………… 24
ティアレラ'スプリングシンフォニー' …… 82	………………………………………… 109	ユーフォルビア・ダイヤモンドフロスト
ディコンドラ'エメラルドフォール' ……… 72	パンジー＆ビオラ …………………… 118	…………………………… 77、79、109
デルフィニウム ……………………… 37、111	ヒアシンス …………………………… 101	ユリオプスデージー・フィリップス …… 102
デルフィニウム・オーロラ	ヒアシンス'アナスタシア' ………………… 66	ユリ・コンカドール ……………………… 74
………………… 34、49、93、109	ビオラ'ピーチジャンプアップ' ………… 109	
トウガラシ（白斑入り） ………………… 109	ビオラ'ビッツ・ハートカクテル' ……… 109	**ら**
トウガラシ'パープルフラッシュ'	ビオラ・ラブラドリカ'ブルブレア' ……… 87	ライラック'パリビン' ……………………… 28
……………………………… 109、116	ビデンス'ハッピー・イエロー' …………… 53	ラゴディア・ハスタータ ………………… 109
ドクダミ …………………………………… 88	ヒペリカム・カリシナム'ゴールドフォーム'	ラミウム・ガリオブドロン …………… 72、86
ドラセナ・コンシンネ ……………………… 77	………………………………………… 31	ラミウム・スターリングイエロー ………… 93
トレニア'カタリーナ・ブルーリバー'	ヒメツルソバ（ポリゴナム） ……………… 87	ラムズイヤー ……………………………… 58
（栄養系） ……………………………… 116	ヒューケラ ………………………………… 81	リクニス・コロナリア ……………………… 36
トレニア・ソラリナ'パープルベール' …… 109	ヒューケラ'キャラメル' …………………… 82	リクニス・フロスククリ …………………… 59
	ビンカ・ニルバーナ ……………………… 77	リシマキア・アトロブルブレア'ボジョレー'
な	ビンカ・ミノール ………………………… 86	…………………………………… 48、109
ニオイスミレ ……………………………… 101	ブラキカム ……………………… 101、109	リシマキア'オーレア' ………………… 72、95
ニゲラ ………………………… 34、37、48	プリベット'レモン＆ライム' ……………… 30	リシマキア'ミッドナイトサン'
ニゲラ・アフリカンブライト ……………… 109	プリムラ・ポリアンサ'ゴールドレース'	……………………… 72、87、109
ニューサイラン …………………………… 76	………………………………………… 101	リシマキア'ミッドナイトサン&リッシー'
ネコノヒゲ ……………………………… 109	プリムラ・マラコイデス'ウィンティー'	………………………………………… 97
ネメシア・アレンジラベンダー ………… 109	………………………………………… 101	リシマキア'リッシー' ……………………… 72
ネメシア・サンサシア …………………… 109	フロックス・ディバリガータ	リナリア・グッピー ……………………… 109
ネメシア・ネシア …………………………… 97	'モンテローザトリカラー' ……………… 58	リナリア・プルプレア ……………… 48、109
ネモフィラ（白） …………………………… 95	ベアグラス ……………………………… 101	リナリア・リップルストーン ……………… 97
ネモフィラ'ペニーブラック' ……………… 85	ベゴニア・タブレット …………… 79、116	ルドベキア'チェリーブランデー'
ノリウツギ ………………………………… 29	ヘデラ'白雪姫' ………………………… 102	…………………………………… 109、116
	ベニセタム・ファイヤーワークス ……… 109	ルピナス・ピクシーデライト ……… 102、109
は	ヘリクリサム・ペティオラレ・バリエガータ	ローズマリー …………………………… 109
バーバスカム'ロゼア' …………………… 60	………………………………………… 97	ロータス・ブリムストーン ……………… 101
パープル・ファウンテン・グラス ………… 79	ヘリクリサム・ペティオラレ・ライム …… 101	ローダンセマム'アフリカンアイズ'
バーベナ・ライナ・ライムグリーン ……… 97	ベロニカ'アズティックゴールド' ……… 109	…………………………………… 109、118
バーベナ・リギダ・ポラリス ……………… 109	ベロニカ'ジョージアブルー' … 69、84、87	ロニセラ'レモンビューティ' ……………… 30
バイカウツギ'ベルエトワール' …………… 28	ベンステモン・スモーリー ……………… 109	
バイモユリ ………………… 70、75、101	ベンステモン'ハスカーズレッド' … 37、59	
バコパ（斑入り） ………………………… 101	ペンタス・サマースターズ・サマーラベンダー	
ハナカンザシ …………………… 109、119	………………………………………… 109	
ハナミズキ'ホワイトラブ' …………… 21、24	ペンタス'ライカブルー' ………………… 117	
バラ'アイスバーグ' …………………… 37、46		
バラ'グルス・アン・アーヘン' …………… 46	**ま**	
バラ'クレール・ジャキエ' ………………… 33	マトリカリア ……………………………… 93	
バラ'紫玉' ………………………………… 36	マトリカリア・ゴールデンモス ………… 101	
バラ'ジャクリーヌ・デュ・プレ' …………… 47	ミニトマト ………………………………… 50	
バラ'シャンテ・ロゼ・ミサド' …………… 46	ミニハボタン …………………………… 119	
	ムスカリ …………………………………… 71	

127

● 著者紹介

天野 麻里絵 あまの・まりえ

東京農業大学地域環境科学部造園科学科卒業。(株)豊田ガーデンの「ガーデニングミュージアム 花遊庭」専属ガーデナーとして、植栽・メンテナンスを担当。NHK「趣味の園芸」の講師など、植物に対する豊富な知識で、テレビや雑誌などでも活躍中。

(株)豊田ガーデン
〒471-0834 愛知県豊田市寿町4-54
TEL 0565-28-2601(代表)
庭づくり全般、花遊庭の庭に関する問い合わせ

〈ガーデニングプロショップ〉
TEL 0565-24-2122
草花や園芸資材に関する問い合わせ

〈ガーデニングミュージアム 花遊庭〉
〒473-0902 愛知県豊田市大林町1-4-1

※詳細は http://www.kayutei.co.jp/ をご覧ください。

● 参考文献

『決定版 自分でつくるおしゃれで小さな庭』
天野勝美 天野麻里絵(講談社 2011年)

『はじめてのバラづくり12か月』
後藤みどり(家の光協会 2011年)

別冊NHK趣味の園芸『狭さをいかす庭づくり』
(NHK出版 2004年)

別冊NHK趣味の園芸
『ナチュラルガーデンをつくる宿根草』
(NHK出版 2008年)

『宿根草図鑑』山本規詔(講談社 2009年)

季刊誌『花ぐらし』(家の光協会)

● staff

デザイン	宮坂佳枝
撮　影	高橋稔
写真協力	天野麻里絵　今井秀治 岡本譲治　片岡正一郎 川俣満博　関幸貴　高木あつ子 瀧岡健太郎　矢島慎一 家の光フォトサービス
イラスト	阿部真由美
校　正	佐藤博子
編集協力	関根有子

一年中美しい
手間いらずの小さな庭づくり

2014年3月1日　　第1刷発行
2025年2月14日　　第33刷発行

著　者　　天野麻里絵
発行者　　木下春雄
発行所　　一般社団法人 家の光協会
　　　　　〒162-8448　東京都新宿区市谷船河原町11
　　　　　電話　03-3266-9029(販売)
　　　　　　　　03-3266-9028(編集)
　　　　　振替　00150-1-4724

印　刷　TOPPANクロレ株式会社
製　本　TOPPANクロレ株式会社

乱丁・落丁本はお取り替えいたします。定価はカバーに表示してあります。
Ⓒ Marie Amano 2014 Printed in Japan
ISBN978-4-259-56434-6 C0061